政治と報道

報道不信の根源

上西充子
Mitsuko Uenishi

はじめに

本書は新聞とテレビの政治報道、特に国会報道について、読者の立場からの問題意識を具体的な報道に即しながら論じたものだ。

筆者は2018年の通常国会における働き方改革関連法案の国会審議の中で、安倍晋三首相（当時）が答弁で言及した裁量労働制に関するデータに疑義を呈した。そのデータをめぐる問題が衆議院予算委員会で連日追及され、同年2月14日に安倍首相の答弁撤回、そして2月28日に法案からの裁量労働制の適用拡大案の削除に至ったことから、問題を的確に指摘すれば、野党が数で劣る国会でも状況は変えられると実感した。

しかしその後、同じく経済界が求めていた労働時間規制の緩和策である高度プロフェッショナル制度の導入をめぐっては、野党が労働者側へのヒアリングの妥当性を問い、立法事実が失われたにもかかわらず、数の力で押し切られた。

何が違ったのかといえば、圧倒的な報道量の違いだ。前者は朝のワイドショーでも取り上げられたが、後者はＮＨＫの「クローズアップ現代＋」でさえ、衆議院の厚生労働委員会における採決を終えた後にしか取り上げられなかった。

では、なぜそのように報道の扱いが違ったのか。今ならわかる。前者については、安倍首相が答弁を撤回したことが報道を動かしたのだろう、と。首相が答弁を撤回したということは、公式に非を認めたということだ。非を認めて初めて安心して報じられるのか、非を認めなければみずから論を立てて報じられないのか、と当時は問題意識を持っていたが、おそらく核心はそこにはない。安倍首相が答弁を撤回したことは、政局の観点から記者たちを動かしたのだろう。与野党攻防の力関係が変わった、と。

しかし本来であれば、政治報道は政局を報じる以外に、今、国会では何が問題となっているのかも、わかりやすく報じるべきなのだ。例えば働き方改革関連法案について、なぜそれが与野党の対決法案になっているのか、野党は何に反対しており、政府与党はどう答えているのか、論点に即したわかりやすい報道がもっと必要だった。

そういう報道があれば、危ない法案が成立しそうになったときに、世論の力で止めることができる。論点に即した報道がなければ、市民が問題点に気づかないまま法案が成立してしまい、後から問題点を知ることになる。それでは遅いのだ。なのに多くの場合、与野党対決法案は、日程闘争や採決の場面での混乱ばかりがクローズアップされる。政局にならなければ大きく報道しないというのであれば、報道がみずから権力を監視し、警鐘を鳴らすという役割を果たせない。

国会審議をインターネット中継で追っている中で抱いた問題意識は他にもあった。加藤勝信厚生労働大臣（当時）も安倍首相も、野党の指摘に誠実に向き合おうとせず、論点をはぐらかしたり同じ説明を繰り返したり、とにかく問題を表面化させず、言質を取らせずに質疑の時間を積み上げることを目的とした答弁を続けていた。なのにテレビでは安倍首相が顔を上げて答弁した一瞬の場面だけを取り上げて、まともに答弁しているかのように報じていた。新聞の国会報道でも、答弁の不誠実さという問題は質疑の要約からは抜け落ちてしまっていた。

このあからさまに不誠実な答弁姿勢を報じなければ、市民の問題意識は広がらない。そのため筆者は、加藤大臣の意図的な論点ずらしの答弁を朝ごはんをめぐるやり取りに譬えてみたりもした。２０１８年5月のことだ。「朝ごはんは食べなかったのか」と問われて、「ご飯は食べていない」と答え、あたかも何も食べていないかのように装っておきながら、実はパンを食べていたことを巧みに隠しているようなものだ、と。この譬えが紙屋高雪氏によって「ご飯論法」と名付けられ、その後次第に、国会答弁の不誠実さに注目が集まっていくようになった。

「桜を見る会」に関する安倍首相の答弁のように保身が目的である場合に限らず、新型コロナウイルス対策や日本学術会議の任命拒否問題のように、独断的な判断をおこない説明責任を果たさない状況が横行しており、このような政権に私たちの命と生活を委ねていて大丈夫かという市民の問題意識も高まってきた。

報道がもっと以前からそのような政権の不誠実さに焦点を当てていれば、第二次安倍政権が7年半もの長期政権となることはなく、菅政権も後継として生まれることはなかったのではないか。

安倍政権は世論誘導が巧みだった。「働き方改革」と、あたかも労働者のための改革を進めるかのように装った上で、労働時間の規制緩和策を規制強化策と抱き合わせにして法案成立を図ったこともそうだ。報道は本来、その裏にあるねらいに焦点を当てて報じるべきだった。安倍首相がこう語った、と報じるだけでは、報道はむしろ世論誘導に加担してしまう。しかし、そのような問題意識が報道機関側にどの程度あるのかも疑問だった。

筆者はこのような問題意識から、実際の国会審議映像を切り貼り編集なしに解説を付して街頭で上映する国会パブリックビューイングの取り組みを2018年6月に始めた。「テレビが流さないなら街で流そう」と、みずからがメディアとしての役割を果たそうと試みたものだ。活動のねらいと詳細は『国会をみよう　国会パブリックビューイングの試み』（集英社クリエイティブ、2020年）に記した。

この活動を通した問題提起は一定の影響力を持ったと考えている。しかし、私たちが大手メディアを代替することは到底、無理だ。大手メディアの組織的な情報収集力と伝達力は、より有効に活かしてほしい。そのためには、市民側からも、より具体的に政治報道の問題点を指摘し、改善を求め、そして良い取り組みは応援し、買い支える姿勢が必要となる。

そこでハーバー・ビジネス・オンラインに2019年より政治と報道をめぐる記事を書き始めた。毎日新聞統合デジタル取材センターの齊藤信宏センター長（当時）や、しんぶん赤旗日曜版の山本豊彦編集長にもお話を伺い、2020年11月からは短期集中連載をおこなった。それらの内容を収録したのが本書だ。短期集中連載は第1部に、その他は第2部以降に収めた。なお、書籍化にあたり、若干の修正をおこなった。

外部からの批判的検討であるため、論じる材料がそろわない問題については、詳しくは取り上げていない。例えば記者クラブをめぐる問題がそうだ。政治報道の内部からの批判的検討としては、朝日新聞の政治部記者を務めたのちに新聞労連の中央執行委員長となった南彰氏が2020年に『政治部不信』（朝日新書）を世に問うている。その南氏は現在、朝日新聞の官邸キャップを務めている。

内側からの批判と外側からの批判が共に呼応し合うことで、あるべき政治報道に近づく。そのためには、「マスゴミ」といった粗雑な非難ではなく、読者の側からも事実に基づくより精緻な批判が必要となる。できれば本書はメディア関係者にも幅広い市民の方々にも読んでいただきたい。より深い対話の一助となることを願っている。

目次

はじめに …… 2

第1部　報道による権力監視に向けて …… 11

報道不信を招く「オフレコ懇談会」 12
記者と政治家の距離感 24
論点を明示した質問の重要性 33
報じるに値するものとは 46
不可視化される答弁の不誠実さ 60
世論誘導発言をどう報じるか 72
なぜ国会報道は政局報道になるのか 81
「野党は反発」とは 98
報道の見出しに潜む危険性 115
「誤解を招いた」という「反省そぶり」 132
論点に沿った国会報道が事態を動かす 145

第2部　国会報道に何が起きているか……163
国会演説の悪意ある切り貼り編集　164
「バランス」をとった報道の危うさ　180
誤認を誘う加藤勝信官房長官の答弁手法　190
答弁「訂正」はおこなわなかった安倍前首相　210

第3部　変わろうとする新聞……233
毎日新聞デジタル記事の挑戦　234

第4部　「桜を見る会」を争点化させたしんぶん赤旗日曜版……257
田村智子議員「桜」質疑はどう組み立てられたのか？　258
実態を知らなかったからこそ立ち上がった問題意識　281
赤旗日曜版のスクープを追いかけなかった大手紙　307

あとがき……330
初出一覧……335

第1部
報道による権力監視に向けて

報道不信を招く「オフレコ懇談会」

権力者と報道機関の距離感が、改めて問われるべき局面にきている。**権力者の言葉をそのまま伝えたときに、それが権力者にとって都合のよい世論誘導につながる危険性が**、今回のアメリカ大統領選挙では大きく表面化した。

日本でも、日本学術会議に推薦された6人の学者の任命拒否問題について、政府与党は学術会議のあり方へと、批判の矛先をそらそうとしており、その作戦はある程度、功を奏しつつある。

そういった問題を考えていくためにも、その前段として、菅義偉首相が就任後間もない2020年10月3日におこなった**首相番記者とのパンケーキ店での懇談会**、そして現場の記者を束ねる**各社のキャップとの間で10月13日にホテルで開かれた懇談会**の問題を、振り返っておきたい。

完全オフレコで首相側からの呼びかけでおこなわれたこの2つの非公式の懇談会について、**朝日新聞**は10月3日の番記者懇は欠席し、10月13日のキャップ懇は出席した。**毎日新聞**はどちらにも出席した。

毎日新聞は、桜を見る会について安倍晋三首相（当時）への追及が続いていた2019年11月20日のキャップ懇と同年12月17日の番記者懇には欠席しており、そのことをツイートで公表していた。それらの懇談会がどういうタイミングでおこなわれ、安倍首相と記者とのどのような駆け引きの末のものであったかは、毎日新聞「桜を見る会」取材班による『汚れた桜』（毎日新聞出版、2020年）に詳しく記されている。

菅首相は就任時の2020年9月16日に記者会見を開いたが、その後、10月1日にしんぶん赤旗の報道を端緒として日本学術会議から推薦された105人の学者のうち6人の任命が拒否された問題が明るみに出ても記者会見を開かず、官邸エントランスでの「ぶら下がり」会見にも応じていなかった。そんな中で、なぜ完全オフレコの懇談会に記者らは参加したのか。批判の目に対して両紙はどう釈明したかを振り返ってみたい。

朝日新聞はキャップ懇がおこなわれた10月13日の夜にデジタル記事を配信している。**坂尻顕吾政治部長**の署名入りだ。

●朝日新聞記者、首相懇談会に出席　内閣記者会向けに開催（朝日新聞　2020年10月13日）

10月13日のキャップ懇に出席したことを記し、**「首相に取材をする機会があれば、できる限り、その機会をとらえて取材を尽くすべき**だと考えています。対面して話し、直接質問を投げかけることで、そこから報じるべきものもあると考えるためです」と記した。

その上で、「参加するかどうかはその都度、**状況に応じて判断**しています」として、10月3日の番記者懇には出席を見送ったことを述べ、「日本学術会議をめぐる問題で当時、菅首相自身による説明がほとんどなされていなかったためです」とした。

「その後、首相から一定の説明はありましたが、朝日新聞は首相による会見の開催を求めています」と記事は続くため、10月3日は欠席したのに10月13日は出席したのは、菅首相から「一定の説明」があったため、と読める。しかし、「首相に取材をする機会があれば、できる限り、その機会をとらえて取材を尽くすべきだ」と考えているのなら、**なぜ3日は欠席したのか。論理的に整合する説明はない。**

毎日新聞も10月13日夜に、より長文のデジタル記事を配信している。政治部首相官邸キャップによる解説記事に続き、**高塚保・編集編成局次長兼政治部長**の署名入りの約300

字の見解、そして懇談会出席に肯定的な声として、旧民主党政権で内閣府参与を務めた社会活動家の湯浅誠・東大特任教授と、批判的な声として筆者（「国会パブリックビューイング」に取り組む上西充子法政大教授）の各800字弱のコメントが掲載された。

●懇談の出欠どう判断　首相取材あり方問う声（毎日新聞　2020年10月13日）

10月3日の番記者懇と10月13日のキャップ懇に出席したのは、10月3日の時点で、毎日新聞などが求めたグループインタビューに菅首相が応じることが決まっていたからだという。グループインタビューは10月5日に読売新聞・日本経済新聞・北海道新聞との間で、10月9日には朝日新聞・毎日新聞・時事通信との間でおこなわれた（それぞれ、文字起こしは左記を参照）。

●菅義偉首相　第1回グループインタビューにおける日本学術会議をめぐる質疑応答文字起こし（2020年10月5日）（上西充子ｎｏｔｅ　2020年10月6日）

●菅義偉首相　第2回グループインタビューにおける日本学術会議をめぐる質疑応答文字起こし（2020年10月9日）（上西充子ｎｏｔｅ　2020年10月10日）

●【全文書き起こし】2020年10月9日菅総理グループインタビュー（毎日・朝日・時事）（望月優大ｎｏｔｅ　2020年10月10日）

10月13日の毎日新聞の前出記事で高塚保政治部長は、「権力取材においては、記者会見など公式な場での説明を求めていくと同時に、**さまざまな機会を通じて情報を集めることが、物事の真相に迫る過程においては欠かせない**と考えます」と、先に紹介した朝日新聞と同様の見解を示している。

その上で、「ただし、首相が記者会見やインタビューに応じず、公式な場で説明することを拒む状況下では、非公式な懇談が優先されることは望ましくなく、その**バランスには常に留意**しています」と述べる。

朝日新聞の見解も毎日新聞の見解も、機会があれば情報を集め、取材を尽くすという姿勢を前面に出す点で共通している。しかし、「だからオフレコの懇談会にも参加するのは当然」とは語らない。「状況に応じて判断」「バランスには常に留意」と、はっきりしない言葉で留保をつける。いったい**「状況」「バランス」とは何なのか。**

10月3日の番記者懇に欠席した**京都新聞**は、記者の逡巡を記事として10月9日に掲載した。

●物議醸す首相懇談会、欠席した理由　悩んだ記者の思いと葛藤（京都新聞　2020年10月9日）

この記事で記者は、「記者は取材先に食い込んでネタを取るものと教わってきた。まして本音と建前が交錯する永田町。**対象に肉薄しなければとの『本能』がうずく**」としつつ、「権力との癒着を疑われる行為に自覚的になり、取材プロセスを可視化しないと、メディア不信はさらに深まると思う」と記していた。

どれもだいたい論調は似ている。取材の機会があればそれは捉えたい。一方でメディアと権力との癒着を疑われる中で、記者会見を開かない菅首相との「完全オフレコ」の懇談会に参加することには読者の理解は得られにくい――そういった論調だ。しかし、問題は読者の無理解なのだろうか。そこでは都合よく別の事情が省略されているように思える。それは、**記者側と官邸側の力関係の問題**だ。

前出の10月13日の毎日新聞掲載記事に向けた電話取材を受ける際に、筆者は３ページにわたるメモ書きを記者に送った。その最初の段落にはこう記した。

〝オフレコ懇談会への参加と記者会見での真摯な追及は、両立するものではなく、実際にはトレード・オフの関係をはらむと認識すべきだ。〟

どういうことか。先に紹介した朝日新聞政治部と毎日新聞政治部の見解では、オフレコ懇談会に参加するか否かは社としての主体的な判断に基づくように読める。しかし実際には、**主導権を握っているのは官邸側**だろう。

単なる顔合わせであれば、官邸にでも招いて堂々とやればいい。しかしそうせずに内密におこない、「完全オフレコ」を求める。各社が官邸に恭順の意を示すか否か、「**踏み絵**」を用意し、対応を見ているかのようだ。

なぜ取材される官邸側が主導権を握りうるのか。それは、その後の取材依頼に対し、どの社にどういう形で応じるかを官邸側が決めることができるからだ。そもそも取材ができなければ、記者は仕事にならない。そこに記者の仕事の難しさがある。

記者クラブ（内閣記者会）加盟社が連帯して十分に時間を取った記者会見の開催を求めることができる状況であれば、官邸側ではなく記者クラブ側が主導権を握りうるが、実際には安倍政権下で特定のメディアによる単独インタビューに首相が応じるなど連帯が切り崩されていく事態が進行し、記者側の交渉力はかなり後退しているのが現状であるようだ。オフレコの取材機会の確保が交渉や分断の材料にされることもある。そういった事情は南彰『政治部不信』（朝日新書、２０２０年）に詳しい。

切り崩されていった背景には、記者クラブ加盟社に取材してもらわずともネットメディアや独自のウェブ媒体によって情報発信ができるようになったという時代の変化も記されている。前出の『汚れた桜』にも、政治部記者から見た政治家との関係の取り方の難しさが触れられている。

記者クラブ側の交渉力が後退した結果として、首相記者会見はめったに開かれず、開かれても短時間に限られ、内閣府広報官が会見の進行を仕切り、記者の質問は一人一問に制限され、かみ合った返答がなくても更問い（重ね聞き）ができず、質問内容を事前に伝えていない記者は、なかなか指されない状態となっていった。

２０２０年2月29日の安倍首相の記者会見では、フリーランスの**江川紹子**氏が「まだ質問があります」と声をあげ、続く3月14日の安倍首相の記者会見では質問を打ち切ろうとした際に沖縄タイムスの**阿部岳**記者らが**「まだ質問があります」「総理、これ会見と呼べますか」**などと一斉に抗議し、質問時間の延長を勝ち取った。しかしその後、官邸側はコロナ対策として会見の人数を制限するなど、再び主導権を握っていく（左記記事参照）。

●縄張りを越えろ――記者とは「野蛮」な稼業のはずだった―阿部岳（論座　２０２０年11月13日）

その流れの中で、菅首相は就任早々に各社の番記者にパンケーキ懇談会への出席を求めた。自分の側に主導権があることを見せつけ、自分に従うことを各社に求めたと見るのが自然だろう。

10月13日の毎日新聞記事では、番記者懇とキャップ懇に出席することとした理由として、同社が求めたインタビューに菅首相が応じると決めていたことが挙げられていた。10月5日と9日におこなわれた計6社によるグループインタビューでは、用意されていたと思われる質問以外にも更問いが行われた場面もあり、日本学術会議について、推薦段階のリストを菅首相が「見てません」と答える場面もあった。記者クラブ主催の記者会見の場でなくても、重要な情報は得られた、という見方もできる。

しかし、記者会見の場での質問とその他の場での質問とでは、大きな違いがある。**正式な記者会見であれば、首相官邸ホームページに映像と発言記録が残るが、そうでない場合は、その公式記録は残らない**のだ。

今回の菅首相のグループインタビューは、なぜかTBSが映像を公開した。その映像によって私たちは、例えば推薦段階のリストを見たかと問われたときに、菅首相が「いや、見てません」とやや早口で答え、様子をうかがう表情を見せたことを見て取ることができる（10月9日分映像26：45～）。

任命権者である菅首相が、どの6人を外したのかも把握しないまま99人の任命をおこなったとなれば、それは大きな問題となる。そのため12日の**加藤勝信**官房長官の記者会見では、「詳しくは見ておられなかったということを指されているのだろう」と、菅首相の発言を**都合よく修正する答弁**がなされ、その後11月4日の衆議院予算委員会では**辻元清美**議員の質疑に対し、99人を任命する旨の決裁の起案が行われた9月24日の前に6人の具体的な名前を把握したとの答弁が行われた。

そういう経緯を知った上で改めて映像で見れば、**菅首相は不都合な話題になったときにとっさにそれを否定することによって追及を逃れようとする傾向があるのではないか**との疑念が湧く。それは**映像を確認しなければ湧かない疑念であり、記者のフィルターを通して文字情報として伝えられる中ではそぎ落とされてしまう部分**だ。

今回はＴＢＳが映像を公開したが、これもいつまで公開されているか、わからない。普段のグループインタビューであれば映像が公開されることもないだろう。つまり、公式の記者会見以外の場で取材がおこなわれると、私たちは**記者会見の場であれば把握すること**

ができた菅首相の表情や受け答えの様子などを知る権利を奪われるのだ。

政治部記者にとっては記者会見の場よりもオフレコ取材の方が取材対象者の本音に迫れるため重視されるという話はよく聞くが、公式の場での取材の情報は私たちにも映像の形でオープンに開かれているのに対し、非公式な場での取材で記者が得た情報は、記者のフィルターを通じ、取捨選択や要約を施された形でしか、私たちには届かない。


記者がおこなうべき権力監視とは、報じるに値するとみずからが判断する事実をつかみ取ることだけではない。**私たち市民の代わりに質問し、それに対する権力者の反応を可視化させることも重要な仕事**であるはずだ。

記者会見の場で質問に誠実に答えずに用意された答弁書だけを棒読みすること。都合よく自分の主張だけを語ること。記者に対し、声を荒げたり、揶揄したり、答えに詰まったり、うろたえたりすること。手が挙がっていても無視して質問を打ち切ること。それらもまた、私たちが知るべき事実であり、記者が記者会見の場を通じて可視化して伝えるべき事実だ。**何を答えたかだけでなく、何を答えないかも重要な事実**なのだ。

そしてそのような事実は、権力者の機嫌を損ねないための当たり障りのない質問をする

ことでは可視化することができない事実だ。だから記者には、記者会見という表舞台で、真摯に鋭い質問を投げかけてほしい。まともな答弁が得られないなら、何度でも重ねて問うてほしい。他社の記者も連帯して答弁を求めてほしい。

そして、そういうことができるように、各社の記者に踏み絵を踏ませるような完全オフレコの懇親会の誘いには乗らないでほしい。その誘いに自社だけが乗らないことがその後の取材の上で支障になりかねないという難しい事情も私たちに率直に伝えた上で、表の場での説明責任を首相が果たすことを、他社と共に連帯して求めてほしい。

そういう姿勢を見せるなら、私たちはその力関係を変えるために、気概のある新聞社を買い支え、見守って応援することができる。よくわからない言い訳で誘いに乗るならば、「権力側に取り込まれていくのではないか」という不信の中で私たち読者も分断されてしまう。

毎日新聞の電話取材に対し、私はそういう問題意識を語った。けれども、そのあたりの話は記事には盛り込まれず、以下のように抽象的な形にまとめられてしまった。

〝実際はいろんな事情があった上で記者も葛藤しているのかもしれない。それなら隠さずに表に出してほしい。メディアも強権的な官邸に押し込まれ、分断され、苦しんでいることを可視化した上で「応援してほしい」と言われれば、私たちも一緒になって応援できる。〟

これだと、どういう事情か、わからない。官邸からも押し込まれ、読者からもオフレコの懇談会に出かけることによって不信の目を向けられる、そういう状況になぜ陥っているのかを率直に語ってほしい。そして私たちに応援を求めてほしい。朝日新聞も毎日新聞も、私はなくなってよいメディアだとは考えていない。ぜひ、受け止めていただきたい。

記者と政治家の距離感

ここまで、菅義偉首相が呼びかけた番記者との**パンケーキ懇談会**および各社キャップとの**ホテルでの懇談会**について、取り上げた。どちらも「完全オフレコ」の懇談会であり、そのような場への参加が読者からの不信を招いている中で、社としての判断が問われる問題だった。

ここからは記者個人に目を転じ、**記者と政治家の距離感**について考えてみたい。

朝日新聞は「桜を見る会」問題のさなかの２０１９年11月と12月におこなわれたキャップ懇談会と番記者懇談会に出席したが（毎日新聞は共に欠席）、パブリックエディターの見方も含めてその是非を振り返る記事を２０２０年２月14日に掲載している。

●首相と会食、権力との距離は　記者ら飲食ともにする懇談（朝日新聞　２０２０年２月14日）

その記事の中で**円満亮太政治部次長**は、政治家と会食することに対して「取り込まれているのではないか」という不信を抱かれることに触れた上で、こう記している。

〝今回の首相との会食への参加には、社内でも議論がありました。桜を見る会をめぐる首相の公私混同を批判しているさなかです。しかし、私たちは機会がある以上、出席して首相の肉声を聞くことを選びました。厳しく書き続けるためにも、取材を尽くすことが必要だと考えたからです。**取り込まれることはありません。**そのことは記事を通じて証明していきます。〟

さて、会食したからといって取り込まれることはないというのは、そうなのだろうか。「取り込まれることはない」というときに、**「社として」と「記者として」を分けて考える必要**があるだろう。「社として」なら、政治部と社会部の役割分担や、番記者・キャップ・編集委員など社内で異なるポジションにある者の役割分担、さらに外部の識者コメントの活用など、様々な形で批判的なスタンスを保つことは可能だろう。しかし、一人の記者としてはどうなのだろうか。

円満政治部次長がこの記事で述べているように、**「政治記者とは矛盾をはらんだ存在」**だ。「政治家に肉薄してより深い情報を取ることを求められる一方、権力者である政治家に対しての懐疑を常に意識」せねばならないからだ。

「厳しい記事を書けば、当然取材先は口が重くなる。しかし、都合の良いことばかり書くのは太鼓持ちであって新聞記者とは言えません」。では、どういう接し方が適切なのだろうか。おもねるわけでも批判的であるわけでもなく、フラットに接するのがよいのだろうか。しかし、フラットな接し方にも問題はある。

ここで記者に取材される側の筆者の体験を少し紹介したい。筆者の場合、今の国会審議をどう思うかなど、単に論評的なコメントを求められる立場であり、説明責任が問われる立場ではない。そのため、政治家を取材対象とする場合とは記者の接し方も違うだろう。それでも、記者という職業の人たちの関係性の取り方は独特だなと感じることが多い。

政党機関紙は別として、朝日新聞や毎日新聞のような大手紙の場合、記者は取材時にこちらの話を頷きながら聞くものの、その話の内容に対する自分の反応を示すことが少ない。**「なるほど」**と相槌を打つが、それ以上の言葉を発しないことが多い。**「なるほど」というのは、賛否いずれをも示さない便利な言葉**だ。「なるほど、本当にそうですよね」という場合にも使われるし、「なるほど、あなたはそうお考えなのですね（私は違いますが）」という場合にも使われる。

だから、「なるほど」としか言葉を返さない記者に対しては、こちらもあまり熱心には語りにくい。この記者はこの問題をどのくらい深く理解しているのか、この話題にどういう問題意識を持っているのか、こちらの話をどのくらい受け止めてくれているのかが、わからないからだ。

それに対し、**「そうですよね、私も……については……と思っているんです」**とか、

「……のときにも……でしたよね」などとみずからの問題意識を記者が語ってくれれば、そしてその問題意識がこちらの問題意識とかみ合うものであれば、話はより深まり、発展していく。

そのように自分の問題意識も示しながら話を聞いてくれる記者もいるが、少ない。多くの記者は、取材記者と取材対象者というフラットな関係性のうちにとどまろうとする。そこには、相手の話を遮らず、相手の話を自分の思う方向に誘導しないため、という意図もあるだろう。けれども、あえて自分の立場を示さないのが記者だ、という職業意識を感じることもある。

「自分は記者である以上、いつかはあなたについて批判的に取り上げる記事を書くことになるかもしれない」——そのような、あえて距離を取ろうとする記者側の意識を感じることもあるのだ。そういう意識を感じると、やはり取材される側としては緊張し、距離感を抱く。逆に、同じ方向での問題意識を示してくれる相手に対しては、親しみを感じ、饒舌になる。

それは政治家でも同じではないかと思う。やはり、批判的なことを書く相手には警戒心が先に立ち、できるだけコメントせずに済ませたいという気持ちになるだろうし、ただ領いて聞くだけの者には淡々と話すべきことだけを話すだろう。そして、同じ方向性の反応を返しながらより共感的に聞いてくれる相手に対しては、相手が記者だという警戒心を完全に解くわけではないにせよ、心を許して口にする言葉もあるだろう。

だからやはり、この政治家は今、何を考えているのか、この政治家の本音はどこにあるのか、といったことを探りたいなら、記者は相手の懐に入っていこうとするだろう。

そうして相手と目線を合わせ、考え方を重ね合わせていくほど、相手との距離は近くなるだろう。その際、その取材対象者が与党の政治家であれば、その記者の考え方も自然と政府与党寄りの考え方となり、権力監視の視点が弱くなっていくのではないか。しかしそうなると、市民が知りたいことを記者が代わりに権力者に問う、という役割は適切に果たせるのだろうか。

記者が政治家に密着しているからこそ捉えることができる姿や発言というのは確かにあり、それが記事を通して私たちに伝えられる意味というのも確かにある。例えば２０１９年10月から約１年間、菅義偉官房長官（当時）の番記者として取材してきた**毎日新聞政治部の秋山信一記者**は、菅氏が首相となったのちの２０２０年10月２日に次記の記事を公表した。

●記者の目：「権力」を熟知、菅政権に望む「当たり前」を着実に＝秋山信一（政治部）

（毎日新聞　2020年10月2日）

この記事では、2019年11月に安倍晋三首相（当時）の通算在任日数が歴代最長になった際に、議員宿舎に帰宅した菅氏が、「長く続けることがおめでたいわけではない」と言った上で、「権力」について**「重みと思うか、快感と思えるか」**とボソッと語った、と記されている。

菅氏が首相となった現在のタイミングで、権力というものに対する菅氏の考え方を知ることができるのは確かに意味がある。ただし、ここで目を向けるべきは、**2019年11月の発言が1年後になって初めて記事にされているということ**、そして、**秋山記者は菅官房長官の番記者という役割を離れたからこそ、このような記事が書けたのだろうと推測されることだ。**

オフレコの場で捉えた権力者の、普段は見せようとしない姿や発言を、どこかのタイミングで、どこかの場で報じる。埋もれたままにさせない。新聞社にとっては、これは「取り込まれることはない」という一例だろう。しかし、**それでは遅いのではないか。**

本当なら権力というものに対する菅氏のこのような考え方は、官房長官時代に報じておいていただきたかった。あるいは少なくとも、総裁選時には報じていただきたかった。しかし、番記者という立場ではこのオフレコ発言は報じることができなかったのだろう。

そうであるならば、**オフレコの場でつかんだ本音を、出しても問題のないタイミングを見て報じることよりも、公開の記者会見の場で、日々の課題に対して追及を深め、説明責任を求め続ける中で、政治家がそれにどう対応するか、その姿を直接、市民に対して可視化させることの方が重要とは言えないだろうか。**

例えば法改正が議論になっている局面であれば、そのタイミングで争点についての政府の姿勢が可視化されないと、問題があっても世論が気づかないまま法改正が行われてしまう。現在のようにコロナ禍が進行中である中での対応策の是非や五輪開催の是非などの問題もそうだ。**時々刻々と状況が変わる中では、日々の政府対応への追及を深めることこそが肝要**になる。

与党政治家の本音に迫ろうとすればするほど距離を置いた関係性は難しくなり、深く追及する質問は難しくなり、批判的な記事は書きにくくなるだろう。であるならば、後で何らかの形で報じられる本音を取材対象者に近づいてつかみ取ることよりも、**今現在の問題**

について詳しく説明責任を求め、深い追及に対して相手がどう記者会見の場で答えるかを広く市民に可視化させることの方が優先されるべきではないか。

記者が政治家とそういう関係性を取ることは、特ダネという意味では得るものが少なくなるかもしれないが、**市民の生活を守るという意味や、市民の政治に関する関心に応えるという意味では、より重要なことではないか。**

報道機関の詳しい内部事情は筆者にはわからないので、あまり推測で書くことは控えるべきだろう。しかし、最前線の記者が記者会見の場で鋭く切り込むと同時に取材対象者との距離を縮めて本音を聞き出すのは困難だろうと容易に想像できる。だから、**「取り込まれることはありません」**という模範解答で済ませるのではなく、市民は何を求めているのか、そしてその市民の期待に応えるためにはどういう取材の体制や姿勢が必要なのかを、市民の問題意識を適切に織り込んだ形で問い直してほしいのだ。

論点を明示した質問の重要性

記者会見やインタビューの場での記者の質問の言葉遣いで、気になるものがある。**「国民の間にわかりづらいという声がある」**や**「……という指摘がありますが、受け止めを」**といった問いかけ方だ。

「追及型の質問をするとかえって相手の態度を硬化させ、何も答えてもらえなくなる。だから、批判的な姿勢ではなく、できるだけやわらかい形で問いを投げかけて、自由に答えてもらう方が得られる情報が多い」といった判断がそこにはあるかもしれない。けれども同時に、「追及型の記者だと目をつけられるのは困る」という事情もあるように思われる。しかし、それでいいのだろうか。

ここからは、「わかりづらいという声がある」という問いかけ方の問題を、事例から考えてみたい。このような問いかけ方は、論点をぼやけさせる問題があると同時に、理解できない国民の側に問題があるかのような誤解を生むと考えるからだ。

適切に説明責任を果たさない政府の側に問題があるときに、「国民の間にわかりづらいとの声がある」という問いかけをおこなうと、**理解できない国民の側に問題があるかのような問い方**となり、「これからも丁寧に説明していきたい」といったお決まりの答弁に回収されてしまう。そして、**何が論点であるかがやり取りの中ではっきりしない**ままとなり、その論点について政府側が適切に答えていないことが見る者に可視化されないままとなる。

例えば2020年10月9日の菅義偉首相に対する非公式のグループインタビュー（望月優大氏のｎｏｔｅによれば、毎日新聞・朝日新聞・時事通信により実施）では、日本学術会議問題について、次のようなやり取りがあった。映像からの書き起こしは筆者による（参照：筆者のｎｏｔｅ）。映像のタイムスタンプはＴＢＳ映像によっている。

●**記者（ＴＢＳ映像5：58〜）**　時事通信のオオツカです。引き続き、学術会議について伺います。学術会議側は、6人の任命を見送ったことについて、説明を求めています。総理自身が梶田会長とお会いし、直接説明される考えはありますでしょうか？

●**菅義偉首相**　今、あの……申し上げましたけど、日本学術会議については、まあ、省庁再編の際にですね、そもそも必要性を含めてそのあり方について、相当のこれ、議論が行われた経緯があります。その結果として、総合的、俯瞰的な活動を求める、まあ、そういうことになった経緯です。さらに、この**総合的、俯瞰的活動を確保する観点から、**日本学術会議にその役割を果たしていただくために、まあ、ふさわしいと判断をされる方を、まあ、任命を、してきました。こうしたことを今後もですね、まずは丁寧に説明していきたいというふうに思います。また、梶田会長とはですね、日頃から、これ、事務局との間でコミュニケーション、これ、とっているというふうに思いますが、会長がお会いになりたいということであれば、私はお会いをさせていただく用意というのは、もっております。

●**記者（TBS映像7：24〜）**　今おっしゃった、その総合的、俯瞰的な活動ということなんですけれども、どうしてもなかなか**国民の方々にはわかりづらい**部分だと思うんですが、総理としては具体的にどのような活動を求めているということなんでしょうか？**国民にもわかりやすいような**判断材料をお示しいただければと思います。

時事通信の記者が6人の任命を見送ったことについて説明を求め、菅首相が「総合的、俯瞰的活動を確保する観点から」と答えた。その点について、さらに説明を求めたのがその次の記者の問いかけだ。声の調子から判断するに、時事通信の記者とは異なる記者の発言と思われるが、通常の記者会見とは異なり、記者は名乗ってから質問を行っているわけではないため、どの社の記者の発言であるかは判然としない。

この2番目の記者は、「総合的、俯瞰的活動」という言葉にさらに説明を求めている。しかし、そのときの説明の求め方が、「どうしてもなかなか国民の方々にはわかりづらい」「国民にもわかりやすいような判断材料をお示しいただければ」というものなのだ。

これではまるで、「私は菅首相のご説明はよくわかっているんですが、どうも国民は納得していないようなんです。ここはひとつ、もう少し丁寧に説明していただけませんか」と言っているかのようだ。この記者は菅首相の説明に納得しているわけではないだろう。それなのに、なぜそのような問いかけ方をするのか。

省庁再編の際に日本学術会議に総合的、俯瞰的な観点から活動することが求められるとされたのは、あくまで日本学術会議としての活動について求められたことであって、個々の会員を任命するにあたって求められた観点ではない。（参考：総合科学技術会議「日本学術会議の在り方について」２００３年2月26日、Ｐ４）

また、個々の会員の任命にあたって、「総合的、俯瞰的活動を確保する観点」から判断するものだというような法的な規定はないし、法解釈もない。日本学術会議法は第7条第2項において、「会員は、第十七条の規定による推薦に基づいて、内閣総理大臣が任命する。」と定めているのみだ。

だから、「総合的、俯瞰的活動を確保する観点」から任命の判断をした（そして6人については任命拒否をした）という菅首相の説明は、**説明にならない説明、こじつけの説明**だ。

それがこじつけの説明でしかないことを報じるための判断材料を得るために関連質問をしていることはわかるが、そこで「なかなか国民の方々にはわかりづらい部分」だというような言い方を記者側がしてしまうと、まるで**問題があるのは菅首相の側ではなく国民の側であるかのようになってしまう。**それは事実を曲げたおもねった聞き方であり、適切ではない。

このグループインタビューは報じるための材料を得ることが目的で、やり取りを可視化することは想定されていないから、どういう聞き方をしても問題ない、という見方もあるだろう。しかし、同じような聞き方は、10月26日のＮＨＫ『ニュースウオッチ９』でも**有**

馬嘉男キャスターが菅首相に対して行っていた。

●菅首相が生出演『ニュースウオッチ9』の質問に激怒し内閣広報官がＮＨＫに圧力！

『クロ現』国谷裕子降板事件の再来（リテラ　２０２０年11月12日）

この記事から有馬キャスターの問いかけ方を抜粋すると、こうだ。最初の質問については記されていない。以下は、重ね聞きの部分だ。

「総理は国民がおかしいと思うものは見直していくんだということを就任前からおっしゃっていたと思います。で、この学術会議の問題については、いまの総合的・俯瞰的、そして未来的に考えていくっていうのが、**どうもわからない、理解できないと国民は言っているわけですね。それについては、もう少しわかりやすい言葉で**、総理自身、説明される必要があるんじゃないですか？」

「あの、**多くの人がその総理の考え方を支持されるんだと思うんです**。ただ前例に囚われない、その現状を改革していくというときには大きなギャップがあるわけですから、そこは**説明がほしいという国民の声もあるようには思う**のですが」

このように有馬キャスターが問いかけると、菅首相は、「ただ、**説明できることとできないことってあるんじゃないでしょうか**。１０５人の人を学術会議が推薦してきたのを政府がいま追認しろと言われているわけですから。そうですよね？」などと答えた。

このとき**菅首相は険しい表情**を見せており、「追認しろ」という箇所では**特に強い口調**となり、**机を叩くような手の動かし方**もしている。このような菅首相のふるまいを可視化させたという意味では、有馬キャスターが食い下がって重ね聞きをしたことには大きな意義がある。

しかし、「どうもわからない、理解できないと国民は言っている」「多くの人がその総理の考え方を支持されるんだと思うんです」という言い方は、やはりよくない。国民が理解できないのではなく、**菅首相が整合的な説明を行っていない**のだ。そのことはＮＨＫのキャスターらも十分にわかっているはずだ。なのにこういう言い方をすると、理解できない国民が悪いという伝え方になってしまい、「丁寧な説明をおこなっていきたい」という返答が得られたらそれで一件落着、のような印象を与えてしまう。

毎日新聞と社会調査研究センターが11月7日におこなった世論調査では、６人の任命を菅義偉首相が拒否したことについて、「問題だ」37％、「問題だとは思わない」44％、「どちらとも言えない」18％という結果となり、「問題だとは思わない」者の割合が「問題だ」と思う者の割合を上回った。報道機関側が「国民にはわかりづらい」といった聞き方をしているのでは、**何が問題か、焦点がぼやけてしまい、政府の言い分が正しいと思わせることに加担してしまうのではないだろうか。**

もう一つの事例として、筆者が関係する事例を紹介しておきたい。２０２０年10月8日午後の**加藤勝信官房長官記者会見における時事通信の記者の問い方**だ。

この記者会見で時事通信の記者は、筆者が同日午前にツイートした内容について、こう問いかけた（首相官邸ホームページの映像10：51より）。

「学術会議に関連して、お伺い致します。昨日の午後会見で、１９８３年の国会答弁と２０１８年の文書の解釈に関する長官のご回答に関して、ご飯論法を世の中に広めた上西充子さんは、『エビチャーハンを作っていたのを玉子チャーハンに変えましたよね、という質問に対し、同じシェフが作っておりその点において何ら変わりはない、と言っているようなもの』と指摘しています。**説明がわかりづらいとの趣旨と思われますが、長官の受け止めをお聞かせください**」

私は「わかりづらい」と思ってそうツイートしたわけではない。11月7日午後の記者会見における加藤官房長官の説明が、説明になっていないことを論理的にわかってもらうために、チャーハンにたとえてツイートしたのだ。それが具体的にどういう文脈だったのかは、左記の記事で説明しているので、ぜひご覧いただきたい。

●④海老チャーハンと玉子チャーハンで考える（集英社クリエイティブ書籍note　２０２０年11月16日）

なのに、「説明がわかりづらいとの趣旨」とまとめられてしまう。それは筆者にとっては、非常に不本意なことだ。「わかりづらい」というのなら、わざわざ譬えを使ってその説明のおかしさの論理構造を示すことなどしない。

なのに、「説明がわかりづらいとの趣旨」とまとめられてしまうことによって、加藤官房長官の答弁も、次のように意味のないものとなってしまった。

「まず、その譬えの意味がちょっと私には、にわかにわかりませんが、ただ、今おっしゃるように、その、説明が分かりづらいという指摘に対しては、**しっかりと説明ができるように、さらに努力をしていきたい**というふうに思います」

そしてこのやり取りが時事通信と毎日新聞で記事となったのだが、**時事通信の記事**は筆者のツイートの内容を紹介して「『ご飯論法』と同じ論理を展開した」とし、加藤官房長官の答弁をそれに加えただけのもので、この譬えが何を説明したものなのか、記事を読んでもわからないものとなっていた。

●加藤官房長官が「チャーハン論法」？　学術会議の説明めぐり（時事通信　2020年10月8日）

それに対し**毎日新聞の影山哲也記者**の記事は、「1983年の『（任命）行為は形式的』との国会答弁と、2018年の政府文書の『推薦通り任命すべき義務があるとまでは言えない』との見解に関し、政府が憲法を根拠に『同じ考え方に立っている』（加藤氏）と説明したのを批判している」と、この譬えの意味を的確に解説してくれていた。

●加藤氏の論点ずらし、今度は「チャーハン論法」上西・法政大教授が批判　任命問題巡り（毎日新聞　2020年10月8日）

時事通信がなぜ私のツイートを記者会見で話題にしたのか、その意図はわからない。けれども結果的に、その譬えの意味がわからないという加藤官房長官の答弁が様々なネット記事で取り上げられ、私のツイートが意味のわからない譬えをおこなったものとして嘲笑される結果となった。それを気に病むわけではないが、やはりそれは不本意な展開だ。ここで言いたいことは、つまり、「国民にわかりづらい」といった問いかけ方でさらなる**発言を引き出そうとすることは、国民の側を不当に貶めるものであるということだ。**

「誤解を招いたのならお詫びしたい」という謝罪の言葉が、自分の側の非を認めるのではなく「誤解」した側に責任を転嫁するものであるのと構造が似ている。相手の発言を引き出すための方便だとしても、国民の側を不当に貶めるのはやめてほしい。そして、**質問の中で、何が論点なのかを、はっきりと可視化してほしい。**

その点において、10月7日午後の官房長官記者会見における**東京新聞の村上一樹記者**の問い方は適切だった。筆者によるチャーハンの譬えは、この村上記者の質問に対する加藤官房長官の答弁の論理的なおかしさを指摘したものだ。

そのやり取りはこういうものだった（内閣官房長官会見映像9：00より）。

●村上記者　東京新聞の村上です。日本学術会議の推薦についてお伺いいたします。今日の衆院内閣委員会で、１９８３年の国会答弁と２０１８年の文書とで、考え方を変えたということではないとの答弁がありました。２０１８年の文書では「推薦のとおりに任命すべき義務があるとまでは言えない」としています。しかし、83年11月の参院文教委員会の丹羽国務大臣の答弁では、「学会の方からの推薦をしていただいた者は拒否はしない。形だけの任命をしていく」と明確に述べています。これ、この場でも何度も訊いていますが、改めてお伺いいたします。**考え方を変えていないのであるならば、今も推薦者は拒否をしないということになりますが、どうしてそうなっていないんでしょうか。**

●加藤官房長官　あの、そこはすでにお配りをした文書でもありますが、憲法第15条第1項の規定に明らかにされているとおり、公務員の選定任命権が国民固有の権利であるという考え方からすれば、任命権者たる内閣総理大臣が推薦のとおりに任命しなければならないというわけではないという考え方を確認をしたわけでありまして、昭和58年の国会答弁も当然、現憲法下、のもとでなされたわけでありますから、このような前提でなされたものであると認識をしております。

●村上記者　東京新聞の村上です。そうしますと、これも午前の会見とまた同じ繰り返しになってしまうかもしれませんが、昭和58年、１９８３年の国会での答弁も現憲法下でなされているということになりますと、**83年の段階で「推薦をしていただいた者は拒否はしない。形だけの任命をしていく」**、この答弁というのはそもそも妥当だったんでしょうか。

●加藤官房長官　そうした答弁ももちろん踏まえて整理をさせていただいているわけでありますし、あくまでも先ほど申し上げた確認文書の中身に沿って、これまでも対応してきたということであります。

この村上記者の質問と加藤官房長官の答弁を聞けば、政府側の説明が説明になっていないことがよくわかる。エビチャーハン（83年の国会答弁）と玉子チャーハン（解釈を明確化したとされる2018年の文書）は、同じシェフ（任命権者たる内閣総理大臣）が作っている（ので、解釈を変更したものではない）といっても、やはり違うものなのだ。

このとき、村上記者は主観的な問題意識を示して問いかけているわけではない。政府側の説明では整合しない部分について、整理して論理的に問いかけているのだ。その問い方が明晰であったからこそ、加藤官房長官の答弁が、説明のつかないことを無理やり説明しようとしているものであることが明らかとなったのだ。「国民にわかりづらい」というような問い方ではなく、こういう問い方が記者には必要ではないのか。

報じるに値するものとは

ここからは、政治をめぐって、**報じるに値するものとは何か**、という問題を考えたい。

この問題を考えるにあたっての格好の素材が「**桜を見る会**」だ。大手紙は毎年、「桜を見る会」を取材しており、**有名人に囲まれた安倍晋三首相（当時）の写真**や、**安倍首相が詠んだ句**などを紹介してきた。しかし、功績・功労のある方々をお招きする会であるという本来の趣旨から逸脱し、**安倍首相らが後援会関係者を幅広く招待する場となっていたこと**は、報じてこなかった。

それを報じたのは、**しんぶん赤旗日曜版の2019年10月13日号**だった。その内容は同年11月8日の参議院予算委員会における**日本共産党・田村智子議員**の質疑で取り上げられ、ツイッター上で話題となった。毎日新聞統合デジタル取材センターによる翌日のデジタル記事がネットでの反響を受ける形で質疑の内容を詳しく伝え、民放のワイドショーなどでも繰り返し取り上げられていく展開となった。

●【全文公開！】桜を見る会スクープ第一弾、安倍後援会御一行様をご招待、税金でおも

てなし（しんぶん赤旗　2019年10月13日号スクープ）

●「税金の私物化では」と批判あふれる「桜を見る会」　何が問題か　国会質疑で分かったこと（毎日新聞　2019年11月9日）

しんぶん赤旗日曜版による一連の「桜を見る会」報道は、日本ジャーナリスト会議の2020年度JCJ大賞を受賞している。

しんぶん赤旗日曜版と毎日新聞「桜を見る会」取材班は、その後も「桜を見る会」問題を追い、新たな事実を掘り起こしていった。その様子は左記書籍に詳しい。

●しんぶん赤旗日曜版編集部『「桜を見る会」疑惑　赤旗スクープは、こうして生まれた！』（新日本出版社　2020年）

●毎日新聞「桜を見る会」取材班『汚れた桜――「桜を見る会」疑惑に迫った49日』（毎日新聞出版　2020年）

筆者も2020年1月6日に国会パブリックビューイングの企画として、しんぶん赤旗日曜版の山本豊彦編集長に、問題意識を持ったきっかけや取材の過程について話を聞き、その対談映像を公開すると共にハーバー・ビジネス・オンラインで記事化した（本書第4部に収録）。

また、この「桜を見る会」報道について、**毎日新聞統合デジタル取材センターの古川宗記者**が、興味深い記事を発信している。みずからも政治部記者として「桜を見る会」を取材したことがある古川記者が、なぜ赤旗にはスクープができて、大手メディアにはできなかったのかを振り返った記事だ。

●見る探る：赤旗はなぜ桜を見る会をスクープできたのか　見逃し続けた自戒を込めて、編集長に聞いてみた（毎日新聞　2020年11月21日）

「この問題は、**視点が大事**なのです。政権を握っているから後援会員を呼んでも仕方ないとみるのか、これは**政権による行政の私物化**とみるのか。それによって、見える景色が180度違ってくる」といううしんぶん赤旗日曜版・山本豊彦編集長の言葉も紹介されているが、筆者が目を留めたのは、古川記者の次の一文だ。みずからが「桜を見る会」を政治部記者として取材したときのことを思い起こして記されたものだ。

〝一点妙に印象に残っているのが、芸能人と記念撮影する安倍前首相を見ながら、官邸のある職員が「**この行事も毎年やっているけど、目的がよく分からなくなっていますよね**……」とぼやいていたことだ。〟

古川記者は「問題意識を持てなかった」とこの記事に記しているが、右記の「ぼやき」

が印象に残っているということは、そこに**問題意識の端緒**はあったということだ。しかし、その問題意識は掘り下げて記事化されるには至らなかった。

古川記者は「桜を見る会」を「恒例行事」として取材してきたという。その古川記者に官邸職員が語った「目的がよく分からなくなっていますよね」という一言は、「桜を見る会」が本来の趣旨から逸脱してきていることを伝えるものだった。もしかしたらそれは、その官邸職員による、精いっぱいの「内部告発」の一言であったかもしれない。


では、スクープを報じることができた**しんぶん赤旗日曜版**は、どのように問題意識を持てたのだろう。赤旗は記者クラブに所属していないため、「桜を見る会」の現地取材はおこなっていない。ホテルで行われた前夜祭もそうだ。

それらの場で後援会関係者の歓待がおこなわれていたことを自民党幹部から聞いた山本編集長は「えっ？　そんなことやっているんですか？」と驚いたという。しかしその自民党幹部は**「そんなことは誰でも知っているよ」**と言ったという（『赤旗スクープは、こうして生まれた！』Ｐ14）。

部外者だからこそ、驚きをもって受け止め、これは「政権による行政の私物化」だと喝破することができた。それは確かにそうだ。しかし、では山本編集長がそもそも「桜を見る会」に関心を持ったきっかけは、何であったのか。

筆者が2020年1月6日に山本編集長にそのことを尋ねたところ、山本編集長が挙げたのは、**2019年5月21日の衆議院財務金融委員会における宮本徹議員の「桜を見る会」質疑に対する麻生太郎財務大臣の答弁ぶり**だった。予算の計上額とも違うお金を増やし続け、招待状も増えているが、その資料も残っていないというのでは、そんな説明は国民に対して通るはずがないと麻生大臣に宮本徹議員が問うた場面だ。詳しくは第4部の対談を読んでいただきたいが、山本編集長はこう語っていた（以下のカッコ内は筆者が補った）。

「この質疑を私も見てて、やっぱり非常におかしいなと思っていて、財務省っていうのは、予算は非常に厳しいんですよね。で、それが、この間、予算の3倍の支出をして、それを宮本議員に指摘されて、**本来ならば財務省がそれはおかしいって言うべきなのを、**（麻生大臣は）『いや、**それは内閣府に聞いてくれ**』と。で、（宮本議員が）『**アンタッチャブルなんですか**』っていう（ふうに問うた）。で、そこで（麻生大臣は）何も言わないと。で、やっぱりそこは、アンタッチャブルだったんですよね。だから、やっぱりそういうのを見て、『何かこれはあるな』と言って、まあ取材を始めようかなという気になったんですね」

つまり、山本編集長が「桜を見る会」について問題意識を持った端緒は、麻生大臣の国会答弁に抱いた違和感にあった。そして、そこで山本編集長が違和感を感じ取ることができたのは、「財務省は予算に非常に厳しいはずなのに」という、**それまで山本編集長が見てきた姿とは異なるものをそこに見て取った**からだった。

部外者だから問題意識が持てるとは限らない。山本編集長は、「桜を見る会」や「前夜祭」の場に対しては部外者であっても、国会審議は見続けてきた方だ。だからこそ、そこに現れた「異なるもの」に目を留めることができたのだと言えよう。そして、その問題意識が、２０１９年９月からの本格調査とスクープ報道につながっていった。

山本編集長が麻生大臣の答弁ぶりを見て抱いた違和感は、筆者がもし同じ場面を見ていても、持てなかっただろう。他方で、筆者だからこそ国会質疑を見ていて「異なるもの」に気づいた場面がある。２０１８年1月29日の衆議院予算委員会における、**働き方改革をめぐる立憲民主党・長妻昭議員と安倍首相のやり取り**だ。

筆者はこの質疑を衆議院インターネット審議中継でリアルタイム視聴をしながら、ツイッターで実況していた。その中で、大きく注目した安倍首相の答弁があった。長妻議員が、「労働法制を岩盤規制とみなして、ドリルで穴をあける、そういう考え方は改めていただきたい。労働法制は、規制を強めるべきところは強めることで、ゆとりのある働き方が生まれ、結果として労働生産性も上がっていく」という趣旨の問いかけをおこなったことに対するものだ。

●**安倍首相**　その、**岩盤規制に穴をあけるにはですね、やはり内閣総理大臣が先頭に立たなければ、穴はあかない**わけでありますから、その考え方を変えるつもりはありません。それとですね、厚生労働省の調査によれば、裁量労働制で働く方の労働時間の長さは、平均な、平均的な方で比べれば、一般労働者よりも短いというデータもあるということは、ご紹介させていただきたいと思います。

衆議院インターネット審議中継では5：19：03より、国会会議録では№130以降、国会パブリックビューイングが制作した番組「第1話　働き方改革―高プロ危険編」では6：19からがその部分だ。

この安倍首相の答弁は、どちらの内容も違和感を抱かせるものだった。このうち後者については、これが**調査データを不適切に比較したもの**であることを筆者が元の報告書を確認して一連のWEB記事で指摘し、長妻昭議員らが国会で追及を深めたことによって安倍首相が2月14日になって答弁を撤回するに至り、大きく注目される事態となった。

●（時時刻刻）首相、異例の答弁撤回　裁量労働制、野党批判受け　労働時間データ「比較できない」（朝日新聞　2018年2月15日）

その後、比較が不適切であるだけでなく元の調査データにも異常値が多数見つかる事態となり、裁量労働制とはどういう働き方であるかの紹介と共に民放テレビの朝の時間帯でもそのデータ問題が取り上げられていき、2月28日深夜に安倍首相は働き方改革関連法案から裁量労働制の対象拡大を削除するに至る。

答弁の撤回も法案の一部削除も、異例の事態だったが、その端緒となったのは、「**こんなデータがあるのだろうか？」という違和感**だった。そしてその違和感は、裁量労働制の方が労働時間が長い傾向にあるという調査結果を筆者が事前に把握していたために抱けた違和感だった。同日に筆者は「安倍首相が、平均で見ると裁量労働制の労働者の方が一般の労働者より労働時間が短いというデータもあると語ったのは何の調査なんだろう。長妻議員が語ったJILPTの調査では、平均でも裁量労働制の方が長い。下記（※編集部注：JILPT調査における図表2「1ヵ月の実労働時間」）で、専門業務は203・8時間、企画業務は194・4時間、通常は186・7時間」とツイートしている。

と同時に筆者は、「岩盤規制に穴をあけるにはですね、やはり内閣総理大臣が先頭に立たなければ、穴はあかないわけでありますから、その考え方を変えるつもりはありません」という安倍首相の答弁にも大きく注目していた。なぜなら、働き方改革を安倍政権は働く人のためのものだと標榜しており、その建前の裏にある本音がここに垣間見えたと感じたからだ。

しかし、この安倍首相の答弁が朝日新聞や毎日新聞に取り上げられることは、なかった。私はそのことが、残念でならない。

2020年11月刊行の『日本を壊した安倍政権』（ハーバー・ビジネス・オンライン編・田中信一郎ほか著・扶桑社）に収録された筆者の論考、「誰のための働き方改革か―高度プロフェッショナル制度は、なぜ注目を集めずに成立したのか」に詳しく書いたことだが、安倍政権は、**「働く人のための働き方改革」**というイメージをあらかじめ定着させた上で、一括法案の中に労働時間規制の緩和策である裁量労働制の適用拡大と高度プロフェッショナル制度の創設を盛り込んだ。それは、周到に用意された作戦だったと言える。

２０１５年の労働基準法改正案は**「残業代ゼロ法案」**としてメディアで取り上げられ、世論の反対も強かったことから、国会には提出されたものの審議されずに継続審議扱いとなっていた。その「残業代ゼロ法案」に、罰則つきの時間外労働の上限規制という労働者側が求めていた法改正を抱き合わせにして、「働き方改革」という見栄えのよいパッケージに仕立てて法改正を目指したのが、２０１８年の通常国会だった。そして、裁量労働制の適用拡大は上記の経緯から削除に至ったものの、高度プロフェッショナル制度は法改正により制度創設に至った。

裁量労働制の適用拡大をめぐっては、安倍首相の答弁撤回を契機に多くのメディアが取り上げたことによって世間に知られることとなったが、高度プロフェッショナル制度が「働き方改革」によって導入されることは、野党や労働団体や「全国過労死を考える家族の会」の方々や様々な市民団体の行動にもかかわらず、広く知られることはなかった。**朝日新聞や毎日新聞**は、高度プロフェッショナル制度をめぐって日々、国会で繰り広げられる質疑の論点を詳しく取り上げてはいたが、**そもそも何が問題となっているのかを広く世の中に知らせる姿勢は乏しかった**と筆者は感じている。

NHKは、ニュースで高度プロフェッショナル制度を「**時間ではなく成果で評価すると して労働時間の規制を外す高度プロフェッショナル制度**」と、繰り返し報じていた。労働法を知らない人がこのフレーズを耳にすれば、「労働者がより柔軟に働けるようになる制度」だと思うだろう。そのような誤認を誘うための「働き方改革」という名づけであり、「時間ではなく成果で評価するとして労働時間の規制を外す高度プロフェッショナル制度」というフレーズだった。

だからこそ、「岩盤規制に穴をあけるにはですね、やはり内閣総理大臣が先頭に立たなければ、穴はあかないわけでありますから、その考え方を変えるつもりはありません」という安倍首相の答弁は、大きく取り上げて報じられてしかるべきだった。

なぜ労働法制を安倍首相は「**岩盤規制**」と呼んだのか、なぜ安倍首相は先頭に立ってその労働法制に穴をあけようとしているのか。それを説明する中で、労働法とはそもそも、劣悪な労働条件のもとで働かせる使用者に規制をかける目的で歴史的に制定されてきたものであること、労働時間の規制を外すとは使用者が規制に縛られなくなるという意味であり、労働者が規制から自由になるという意味ではないこと、労働者はむしろ、みずからが労働法によって手にしている権利を失うことになること、だからこそ、その規制の緩和・撤廃を経済界が強く望んでいること――そういった大きな構造的な理解を、世の中に広く与えることができたはずだ。

そういう基本的な解説記事を伴ったうえで法改正の動きを伝えれば、世論の関心も警戒心もより高まっただろう。しかし、既にこの問題に注目している人の外側に向けて関心を促すような記事は乏しかった。ＮＨＫが「クローズアップ現代＋」の特集で高度プロフェッショナル制度を取り上げたのも、衆議院厚生労働委員会で法案の採決がおこなわれたあとの２０１８年5月30日になってからのことだ。

前掲の国会パブリックビューイングの映像で確認していただきたいが、「岩盤規制に穴をあけるにはですね、やはり内閣総理大臣が先頭に立たなければ、穴はあかないわけでありますから、その考え方を変えるつもりはありません」と安倍首相が長妻議員に答弁した際、**安倍首相は答弁書に目を落とさずに、長妻議員に向き合って自分の言葉で語っている。**考えを改めていただきたいと言われて、隠しておくべき本音をつい語ってしまったと思われる場面だ。続いて調査結果を紹介する場面では、答弁書に目を落としている。

その様子からも、ここが注目に値する場面であることは、見ていた記者は気づけるはずだった。労働法制をめぐるそれまでの与野党の攻防や、「**世界で一番企業が活躍しやすい国を目指します**」と企業寄りの姿勢を安倍首相がかつては明確に語っていたことを知っているなら、なおさら注目に値する答弁だった。しかし、報じられなかった。

当時、筆者は安倍首相の答弁撤回で急に取材が押し寄せるようになり、その後の国会審議にも継続的にコミットしていったため、この1月29日の安倍首相答弁のうち、岩盤規制をめぐる答弁については、深く掘り下げることも、広く知らせることも、できなかった。労働時間の規制を外すとはどういう意味かを丁寧に解説するWEB記事は左記のように執筆して公開したが、新聞記事に比べて届く範囲はおのずと限られていただろう。

●高度プロフェッショナル制度「きほんのき」（1）：「労働時間の規制を外す」↓でも労働者は時間で縛れる――上西充子（Y!ニュース　2018年6月1日）

安倍首相の答弁撤回前の筆者のツイッターのフォロワー数は4000程度で、答弁撤回によって注目が集まり、フォロワー数は短期のうちに数倍に跳ね上がっていったが、「岩盤規制にドリルで穴をあけるのは、私がやらなきゃいけない、という決意を安倍首相が語ったところが、いまのやり取りのハイライトですかね」と記した当日の筆者のツイートのリツイートは15件、引用リツイートが2件、「いいね」が6件（2020年11月23日現在）という件数が示すように、筆者が注目したことによって報道機関が注目する、という状況でもなかった。

「岩盤規制」をめぐるこの安倍首相の答弁に、記者はそもそも注目しなかったのか、それとも、注目はしたが取り上げるほどの意味はないと考えたのか、そこはわからない。

しんぶん赤旗の「桜を見る会」スクープを振り返った前述の毎日新聞の記事には、しんぶん赤旗日曜版の山本編集長のこういう興味深い声が紹介されている。

〝そもそも赤旗のスクープは大手メディアも追っかけないケースが多いです。今でこそ『（週刊）文春によると』という引用はありますが、『赤旗によると』は書きづらい。だから、他のメディアの方からは、『国会で（赤旗のスクープ記事を共産議員が）取り上げてください』と言われます。国会でやれば書けるということらしいです。〟

他紙の後追い取材はやりにくい、国会でやれば書ける、と。しかし、安倍首相の発言は国会の、それも衆議院予算委員会での、答弁だった。なのに、取り上げられなかった。「桜を見る会」に関する田村智子議員の質疑も、翌朝の新聞の政治面では簡略に紹介されたのみで、ツイッターで話題になったことから毎日新聞統合デジタル取材センターが注目して国会審議を詳しく紹介したことを起点として、その後、テレビや大手紙の後追い報道が展開されることとなった。

そういう経緯を見ると、**記者が現場で違和感を持てること、その違和感を深掘りできること、それを記事で大きく取り上げることができること、そのための条件はどこにあるだろうか**という問いは、まだ続くのだ。

不可視化される答弁の不誠実さ

政治をめぐって、報じるに値するものとは何か、という問題を、さらに別の角度から考えたい。**報じる材料を与えない政権に、いかにメディアは対抗できるだろうか。**

政治に問題があるとき、問題発言や明らかな問題行為は報じやすい。例えば公文書の改竄などは、多くの人が「それはダメだろう」とわかる問題であるため、記事の見出しだけで端的に問題は伝わってくる。

「桜を見る会」も、国会答弁のおかしさが常識に照らして判断しやすかったからこそ、テレビでも報じやすく、私たちにも身近に感じやすい話題であったと言える。ホテルでの前夜祭は参加者が各自で受け付け時に5000円を支払い、領収書を受け取る形で行われ、事務所としての収支は発生していないため、政治資金収支報告書への記載の必要はないのだと安倍首相は繰り返し国会で答弁してきたが、格式のあるホテルでさすがにそういうことはあり得ないだろうと私たちは判断することができた。

しかし**多くの問題はより複雑で、端的に問題点を指摘することは難しい**。そしてさらに報じることを難しくするのが、安倍政権も菅政権も、**国会答弁や記者会見において、言質を与えない、報じる材料を与えない、という姿勢を強めている**という問題だ。

例えば、どのように聞かれても、あらかじめ用意した同じ答弁書を棒読みする。日本学術会議に推薦された6人の学者の任命拒否問題で、「**総合的、俯瞰的活動**」という観点から99人を任命した、と語り、6人の任命拒否理由については語らない、というのはその一例だ。任命拒否について問われると、当初、政府側は**「個別の人事」**についてはお答えできないと答弁していたが、そのうち**「人事に関すること」はお答えを差し控えると**、さらに答弁拒否の対象を拡大させた。

また、「ご指摘は当たらない」「まったく問題ない」「法令に基づき、適正に対応をおこなっている」などという**根拠のない断定**も行われている。それがいかに根拠のないものであっても、首相や官房長官や大臣がそう語っていると、問題があることを伝えにくくなる。**「野党が……と指摘したのに対し、政府は問題ないとの認識を示した」**といった報じ方をすると、まるで野党が根拠のない難癖をつけたかのように読まれてしまう可能性もある。

意図的な**論点ずらしの答弁**もそうだ。論点を絞った上でイエスかノーかで答えよと野党議員が求めても、のらりくらりとはぐらかした答弁が続く。そうした場合、その答弁を素材に問題を報じることは難しい。

実際に国会審議を見ると、あるいは、記者会見を見ると、こうした答弁を繰り返すことは、**明らかに不誠実な対応**であることがわかる。決して、良い印象を与えるものではない。さらに、国会で対立している論点についての野党の質疑を見ていると、おおむねまっとうで大事な指摘がなされていることが多い。その指摘に政府側が誠実に答えないことは問題があり、国会という審議の場を答弁側が損なっていることがよく見えてくる。

そういう不誠実な対応を繰り返していることは、本来、政府与党にとっても望ましくないことのはずだ。みずからに対する信頼を棄損することになるのだから。なのになぜ、平然とそういう対応を繰り返すのか。

おそらく、**「一定数の国民にその不誠実さが露呈していても、他の国民がそれに気づかずにいるなら、支持率の低下につながることもなく、問題ない」**という判断が、政府与党にはあるのだろう。実際、世論調査を見ると、その時々の個別の問題について、「説明が不十分だ」と答える割合は高いが、政権支持率はその問題と連動して大きく落ち込むわけではない。そういう現状を踏まえての対応と思われる。

実際には野党の指摘に答えておらず不誠実なのだが、堂々とした態度で答弁しておけば、その部分だけが**編集された映像**で流される。「首相は……と答えた」と報じてくれる。そうであるならば、いかに質疑と答弁がかみ合っていなくても、堂々とした態度を見せておくことが得策なのだ。

そういう状況であることに、報道機関はどれほど問題意識があるだろうか。**「首相はこ**

う語った」という報じ方が世論のミスリードに加担することにつながることに、どれほど危機意識を持っているだろうか。そして、政府与党がそのような不誠実さの中に開き直っているときに、その問題をどう報じたら市民に伝えることができるか、知恵を絞っているだろうか。

筆者が2018年5月6日に加藤勝信厚生労働大臣（当時）の論点ずらしの答弁ぶりを、朝ごはんをめぐるやり取りに譬えてツイートをしたのは、働き方改革関連法案の国会審議が、加藤大臣の巧妙な論点ずらし答弁によって、まともに成立しない状況に陥っていることを広く知ってもらいたい、という思いからだった。

「朝ごはんは食べたのか」と問うと、**「ご飯は食べていません」**と丁寧に答える。あたかも何も食べていないかのように相手に思わせ、実はパンを食べていたという不都合な事実を隠す。パンのことは一言も言及しないため、相手は「パンを食べていたのかもしれない」と気づきにくい。映像でその様子を見ている市民も気づきにくい。そのような巧妙な論点ずらしを加藤大臣は繰り返していた。

ツイートの翌日に実際の国会答弁と照らし合わせたWEB記事を書き、それを見たブロガーの紙屋高雪氏が**「ご飯論法」**と言及したことから、筆者は「＃ご飯論法」とハッシュタグをつけてその言葉を広めた。名前がついていたほうが、認知されやすいと思ったからだ。

そのあたりの経緯は左記にまとめてある。

●「ご飯論法」はどのように生まれたのか（集英社クリエイティブ書籍ｎｏｔｅ　２０２０年10月16日）

「ご飯論法」という「読み解き」への認知が広がれば、政府が巧妙な論点ずらしの答弁をおこなっていても、その論点ずらしの事実を「ご飯論法」として指摘できる。隠された不都合な事実にも目を向けることができる。**報じられる材料を与えない、捉えどころがない答弁そのものを、「ご飯論法」と名づけることによって報じることができるのだ。**

けれども当初、大手紙の反応は鈍かった。ツイッターでは朝ごはんに譬えた5月6日当日に１０００のリツイートがつき、だからこそ筆者は実際の答弁と照らし合わせるＷＥＢ記事も翌日に書いたのだが、新聞紙面で「ご飯論法」が取り上げられたのは、**毎日新聞で5月28日朝刊が初出（デジタル版は5月27日）、朝日新聞で5月29日朝刊が初出**だ。いずれも、衆議院厚生労働委員会で働き方改革関連法案の採決が行われた5月25日より後のことだ。

一方で、国会ではそれより早くから、そしてより頻繁に、「ご飯論法」（国会会議録では「御飯論法」）が言及された。初出は5月16日の衆議院厚生労働委員会における立憲民主党・西村智奈美議員の「**とめてください。これ、典型的なご飯論法じゃないですか**」という発言であり、指名されたうえでの発言ではないが、会議録に収められている。

さらに西村議員は5月25日の衆議院本会議における加藤厚生労働大臣の不信任決議案趣旨弁明演説でも、次のように「ご飯論法」に言及しながら加藤大臣の不誠実な答弁ぶりを指摘した。

●西村智奈美議員　また、加藤大臣の委員会での答弁は、実に巧妙です。野党からの追及をかわす手法を、幾つも幾つも加藤大臣は駆使してきました。すなわち、論点のすりかえ、はぐらかし、個別の事案にはお答えできない、話を勝手に大きくして答弁拒否するなどであります。
例えば、論点のすりかえでは、御飯論法などと言われますが、例えばこういうことでございます。質問者。朝御飯を食べなかったんですか。答弁者。御飯は食べませんでした（パンは食べましたが、それは黙っておきます）。つまり、朝御飯を食べましたかと聞かれたときに、誠実な答え方は、食べましたですよね。しかし、回答者は、朝御飯を食べたかを聞かれているのに、食べたとは答えたくないので、御飯を食べたかを問われているかのように論点をすりかえた上で、御飯は食べませんでしたと答えているわけです。

実際には、御飯ではなくパンは食べていたのですが、それは答えていません。尋ねた人は、朝御飯は食べなかったんだろうなと思うでありましょう。**大変不誠実な答え**であります。

これらを含めて、6月29日に働き方改革関連法案が可決・成立するまでに、国会では12回、**「ご飯論法」**が言及されている。6月29日の参議院本会議においては、立憲民主党の石橋通宏議員が反対の討論に立ち、こう発言した。

●石橋通宏議員　問題はそれだけではありません。**審議しても審議しても議論が深まらない**んです。委員会での審議を通じて私たちは法案の数々の問題点を明らかにしてきました。その多くは、これまで安倍総理や加藤厚労大臣が国民に対して説明してきた法案の目的やメリットと完全に矛盾する問題だったんです。だからこそ、政府は、丁寧かつ真摯に答弁する責任があったはずです。それにもかかわらず、政府の答弁は、衆議院段階からの答弁をテープレコーダーのように繰り返すばかり、**加藤大臣は最後まで御飯論法、**これで国民の理解や納得が得られるわけがない。

まだ世間的な認知が低い「ご飯論法」という言葉に野党議員が大事な場面で言及したのは、自分たちが日々、苦闘している状況をその言葉が端的に表すものであったからだろう。**言葉がなければ問題のある状況が世の中に伝わらない。**それを伝える役割が、「ご飯論法」という言葉に託されたと思うのだ。

では翻って、「ご飯論法」という言葉が生まれる前に、国会でそのような不誠実な答弁が繰り返されていたことを、新聞は報じることができていただろうか。

例えば2018年6月4日の朝日新聞の社説「働き方法案　原点に戻り徹底審議を」は、法案の衆議院での可決を経て参議院における審議が始まるタイミングで記されたものだが、そこにはこのような記述がある。

〝衆院では高プロの問題点の指摘に多くの時間が割かれた。厚生労働省のずさんな労働実態調査の問題や、野党の追及を逃れることに終始する加藤厚労相の姿勢にも批判が集まった。その結果、**多様な論点が十分に議論されたとは言い難い**〟

そのような実態を踏まえて「**参院での徹底審議を求めたい**」と社説は主張しているのだが、その主張は正直なところ、むなしく響く。この社説の書き手もわかっているはずなのだ。参議院でも同じように、安倍首相や加藤大臣が野党の追及を逃れる答弁に終始するだろうことを。そして実際、そのように事態は展開した。

そういう実態があるときに、多様な論点を十分に議論せよ、徹底審議せよ、と求めても、その声は国会に臨む政府には届かない。では、読者にはどう届くのか。

読者は、「社説が繰り返し徹底審議を求め、野党や労働団体、過労死家族の会の方々などの指摘に政府が耳を傾けることを求めているのだから、国会でまともに審議がおこなわれるだろう」と、根拠なく期待することにならないだろうか。

多くの市民は、**国会の答弁がここまで不誠実に行われていることを知らない**。国会パブリックビューイングで解説つき・字幕つきで国会審議を街頭上映すると、「**国会がこんな**

にひどいことになっているなんて知らなかった」という声を聞く。

そのひどい答弁は、野党の努力だけでは正せない。いくら野党が論点を詰めた質疑をおこなっても、平然とそれを踏みにじる答弁が続けられるからだ。その実態を正すには、世論の力が必要だ。そして報道機関は、その世論を喚起する役割を担っているはずだ。

そうであるなら、**不誠実答弁がまかり通っている国会の実態と、徹底審議すべきという理想との乖離を埋めるために、国会の実態を知ってもらい、関心を高めるための記事が、もっと必要だったのではないか。**そのことに報道機関は、どれだけ問題意識を持ってきただろうか。

国会の答弁の実態が適切に市民に伝わっていないと、**「いつまでモリカケばかり」「いつまで桜ばかり」**といった世論誘導をねらった言説に市民が影響されてしまう。そうして、「本当に大事なことを審議せずに政府の追及ばかりを重ねている野党になど政権を任せることはできない」と、世論を現状維持に傾かせてしまう。

「いつまで○○ばかり」という言説は、適切に答弁しない政府与党側にではなく、追及を重ねる野党側に非難の目を向けさせる。実際の国会審議を目にしていれば、問題は答弁側にあることは明らかなのだが、その答弁側の問題が知られていない状況では、「いつまで

○○ばかり」という非難の言葉が力を持ってしまうのだ。
だからその状況を変えるには、報じる材料を与えない答弁を繰り返す政府の姿勢そのものを報じなければならない。

最近の記事を見ると、少しずつ工夫が見られるようになってきている。例えば左記のような記事は、問われたことに適切に答えようとせず、説明責任を担おうとしない政府の姿勢そのものに焦点を当てている。

●「まだ質問があります」無視、首相会見打ち切り帰宅　新型コロナ対策、説明不足のまま（毎日新聞　2020年2月29日）
●菅政権の「答弁控える」はや80回　最も多かったのは…（朝日新聞　2020年11月9日）
●「頼りない」菅首相答弁　紙渡されボソボソ読み上げ…安倍氏から学んだことは？（毎日新聞　2020年11月16日）

そういう記事と同時に、左記のように、一つ一つのストレートニュースにおいても、**「言及せず」「答えず」のように、本来あるべき説明が欠落しているという「事実」を繰り**

返し報じていただきたい。そうして初めて、そのことに世論の問題意識は立ち上ってくるだろう。

●感染最多、首相「最大限の警戒状況」　ＧｏＴｏ言及せず（朝日新聞　２０２０年11月19日）

世論誘導発言をどう報じるか

政治と報道をめぐる問題について、ここからは単体としての記事をめぐる論点を取り上げたい。まずは、権力者による匿名の世論誘導発言を報じることの是非を事例に即して考えたい。

１つ目の例は**「唐揚げ増やすなど、やり方はある」**だ。覚えている方も多いだろう。「桜を見る会」の前夜祭を安倍晋三首相（当時）の後援会が会費５０００円で開いており、安倍首相側による補塡があったのではないかと国会で追及されていた際に報じられた発言だ。

●前夜祭「会費5000円」で安倍首相反論　官邸幹部も「唐揚げを増やすなどやり方ある」（毎日新聞　2019年11月15日）

「野党は『相場より相当安い』と問題視し、差額を首相側が負担した可能性があると主張している」という記述はあるものの、記事のその他の部分は、そのような見方に対する「反論」で占められている。結びはこうだ。

〝会費については政府・自民党から擁護の発言が相次いだ。菅義偉官房長官は15日の記者会見で「ホテルに趣旨を話すことで柔軟に対応いただける。100人来れば100人（分の）立食を用意することはない。通常、（参加者数の）何割掛けで（食事の用意を）やっている」と述べた。自民党幹部も「人数分の料理は注文しない。予算に合わせてその辺は調整できる」と話し、官邸幹部は「（比較的低価格の）唐揚げを増やすなど、やり方はある」とも語った。〟

ここには3人の発言が紹介されているが、菅義偉官房長官（当時）の他は、「自民党幹部」と「官邸幹部」の発言とされており、誰の発言かは特定できない。

こういう「反論」を読むと、「5000円でもいろいろやりようはあるのに、事情を知らない野党議員が不当な難癖をつけているのかもしれない」と思えてくる。「唐揚げ」という具体的なメニューに言及されているところが、説得力を高める効果をもたらしている。

けれどもこの記事から1年後、**安倍氏側が5年間で計916万円の費用を補填していた**事実が明らかになった。

●安倍氏側、5年で916万円補填　領収書、資金団体の名「桜」夕食会費（朝日新聞　2020年11月25日）

ではあの「唐揚げ」発言は何だったのか？　おそらく、「安倍首相側は補填をおこなっていない」と思わせるために、**意図的に世論誘導をねらった発言**なのだろう。それを記者が取材で聞き取って、**匿名発言として報じた**わけだ。

では、記者はなぜ、その発言を報じたのだろう。そう聞いて、それをそのまま報じただけなのか。

しかし、**世論誘導をねらった発言を権力者が意図的におこなうことは十分にあり得る。**

例えば2018年の財務省セクハラ問題に際して、**麻生太郎財務大臣が「はめられて訴え**

られたとの意見も世の中にはある」「はめられた可能性」などと言い募ったのはその典型的な例だ。あのとき、朝日新聞も毎日新聞も、その発言をそのまま報じることはせず、野党などの批判の声と共に問題発言として報じていた。

●福田財務次官の処分は先送り　野党「セクハラ容認政権」（朝日新聞　２０１８年４月24日）

●クローズアップ２０１８：セクハラ疑惑　次官辞任　政府・与党、甘い認識　相次ぐ被害者批判、野党反発（毎日新聞　２０１８年４月25日）

しかし、この「唐揚げ」発言の取り上げ方は、そうではない。

世論誘導をねらった発言だと記者が警戒感を持てば、**報じないという選択肢**は十分にあり得る。報じることによって読者に、「実はそうなのか」と思わせる影響力を持ってしまうからだ。なのに敢えてそれを報じるということは、「実際はこうだったのだ」という感触を記者がつかんだ上で報じていると読者に思わせる。

とすると、記者はうっかり世論誘導に手を貸したのだろうか。「発言者の実際の意図は記者もわからないのだから、あとから『世論誘導に手を貸した』などと言われてはたまらない」という気持ちが記者の側にはあるだろう。けれども、「これは意図的な世論誘導かもしれないし、そうではないかもしれませんが、とりあえず聞き取った内容を記事に出しておきますね」という報じ方は、やはり**権力監視という観点からは問題**に思える。

となれば、**「取り上げるなら実名で」**というわけにはいかないのだろうか。

「桜を見る会」の前夜祭をめぐる報道から、もう一例、引いておきたい。

●「ANAホテル、もう使わない」自民から恨み節　「桜」前夜祭で首相と食い違う説明
（毎日新聞　2020年2月18日）

これは**辻元清美議員**がANAインターコンチネンタルホテル東京に文書で問い合わせ、明細書を主催者側に発行しなかったケースは「ございません」との回答を得て2月17日の衆議院予算委員会で安倍首相に問いただしたことを受けた自民党内の反応を伝えた記事だ。

〝自民党のベテラン議員は「**もうあそこは使わない**という人が多い。**軽率で、ホテルの信用に関わる**。問われたことによく考えずに答えるなどああいう対応をされてはかなわない」と主張。野党や報道機関の質問に応じ、首相答弁と食い違う説明をしたことへの恨み節を漏らした。〟

と、この記事にはある。「恨み節」との表現もあるが、「もうあそこは使わない」「ホテル

の信用に関わる」というのは、**ホテル側にとってはかなりな圧力と感じる発言**だろう。その発言を報じながらも、**発言主体は「自民党のベテラン議員」とぼかされている。**記事ではこれに続いて、

〝これに対し、国民民主党の榛葉賀津也参院幹事長は18日の記者会見で「信じられない発言だ。**自分たちが黒だと認めているようなものじゃないか**」と指摘。「**ホテルにも失礼な話**で、私は積極的に使いたい」と強調した。〟

と記されているので、この「自民党のベテラン議員」の発言は圧力発言という扱いで報じているということはわかる。しかし、榛葉氏が実名であるのに対し、**「自民党のベテラン議員」は匿名であるというのはアンバランス**だ。

そして今、私たちは、**ホテル側の文書回答が正しかったことを知っている**。明細書は実際に発行されていた。安倍氏はなおもその開示を拒んでいるが。

つまり、この**「自民党のベテラン議員」は、当該ホテルに、さらには政府与党という権力者と関係する様々な主体に、不当な圧力をかけた。にもかかわらず、匿名であるがゆえに、その責を負わずに済んでいる。**

そういう状況に、報道は加担してよいのか。

黒川弘務東京高検検事長（当時）と新聞記者との賭けマージャン問題を受けて、南彰・新聞労連委員長（当時）らは2020年7月10日に「ジャーナリズム信頼回復のための6つの提言」を日本新聞協会に加盟する新聞・通信・放送129社の編集局長・報道局長に送付した。そこでは**「権力との癒着・同質化」「記者会見の形骸化」「組織の多様性の欠如」「市民への説明不足」「社会的に重要なテーマの取りこぼし」**という5つの問題が列挙された上で、6つの提言がおこなわれている。その中には、こうある。

〝記者は、取材源を匿名にする場合は、匿名使用の必要性について上記ガイドラインを参照する。とくに、**権力者を安易に匿名化**する一方、立場の弱い市民らには実名を求めるような二重基準は認められないことに十分留意する。〟

ここで言う「上記ガイドライン」とは、2つ目の提言にある「各報道機関は、社会からの信頼を取り戻すため、取材・編集手法に関する報道倫理のガイドラインを制定し、公開する」を指している。

この提言にあるように、「権力者を安易に匿名化する」という現状に対し、問題意識を持つことは重要だ。しかし、楊井人文氏によれば、この提言は原案からかなり後退したものであったという。

●メディア信頼回復の鍵は「透明化」　有志提言の〝原案〟が提起していた「真の問題」とは――楊井人文（Ｙ！ニュース　２０２０年７月18日）

楊井氏によれば、「オフレコ取材に基づいた特ダネ競争を重視してきたメディアの体質が、情報公開に消極的な日本の公的機関・公人の体質を助長してきた面がある」と率直な「反省」を示しつつ、**「記者会見や情報公開など、開かれた取材手法を積極的に活用し、検証可能な報道に努める」という提言も盛り込まれていたが、これらは削除された**という。

その経緯は筆者にはわからない。オフレコ取材や匿名報道について、一律の基準を設けることは困難であるのかもしれない。しかし、前述の２つの例からわかるように、**権力者は自己正当化のために、あるいは圧力をかけて事実を知る者を黙らせるために、匿名で記者に語り、それを報じさせることによって、その発言を拡散させることができる。そして報道機関は、報じることによって、結果的に権力者の意図に加担してしまうことになる。**

そうならないためには、この種の発言については、報じるのであれば実名で報じるべきではないか。実名で報じてこそ、発言者にその発言の責任を負わせることができる。匿名であれば、いくらでも逃げることができ、いくらでもミスリードをねらった勝手な発言ができてしまう。

日本学術会議に推薦された6人の学者の任命拒否問題をめぐっては、自民党の甘利明衆議院議員が2020年8月6日のブログに日本学術会議について、「『千人計画』には積極的に協力しています」と記した内容が事実のように拡散した。後日、複数の報道機関によってファクトチェックがおこなわれ、それを受けて甘利氏は、「間接的に協力しているように映ります」と記述を修正した。

●中国の研究者招致「千人計画」当事者の思い「学術会議が協力」情報拡散の背景は（毎日新聞　2020年10月15日）

事後的なファクトチェックでは、フェイクニュースの拡散を防ぐことは難しい。それでも、きちんと検証することによって、甘利氏が間違った印象の流布に加担したことは、事実として残すことができる。そして、そのようにファクトチェックをおこなうことで、意図的に世論誘導的な発言を権力者がおこなうことを一定程度、抑止することができる。

しかし、それが匿名の「官邸幹部」や「自民党幹部」などによっておこなわれた発言であれば、事後的な検証はできても、それによって発言を抑止することはできない。

だからこそ、意図的な世論誘導の発言を報道機関が紹介する際には、実名を背負わせることが大切だと思うのだ。

なぜ国会報道は政局報道になるのか

国会報道のあり方に目を転じてみよう。**「与野党攻防」「逃げ切り」「決定打に欠けた」**など、なぜ国会報道は対戦ゲームのように報じられるのか。なぜ政局がらみで報じられ、論点に即して報じられないのか。

検討の素材は、ツイッター上で話題となった毎日新聞のこの記事だ。２０２０年11月２日からの衆参の予算委員会と11月10日の衆議院本会議を終えた段階での国会動向を示したものだ。

●自民、学術会議問題で「逃げ切り」に自信「批判の電話も少ない」月内に集中審議（毎日新聞　２０２０年11月10日）

この記事を戦史／紛争史研究家の山崎雅弘氏がツイッターで、〝「自民、学術会議問題で『逃げ切り』に自信」とか、政治記者なのに、**なんでそんな風に「傍観」するんですか。**〟と批判した（11月11日）。

山崎氏の批判は次のように続いている。

〝この問題の本質は「現職総理大臣による違法な人事介入」であって、与党は野党はではなく、法律の専門家に違法性を確認するのが報道の仕事でしょう。ふざけている。〟

〝野党は「違法だ」と言う。与党は「違法じゃない」と言う。「議論は並行線で噛み合わない」。そんなの報道の仕事じゃなくて、ただの素人の見物人、傍観者です。違法か違法でないか、専門家の意見を片っ端から聞いて、それを記事にするのが報道の役目。その責務を放棄したから、政治がここまで堕落した。〟

〝政治報道が**「見た目の中立病」「責任逃れと判断停止の両論併記病」**のぬるま湯に浸って国民を裏切り続ける態度は、政治の腐敗をただ傍観するだけでなく、論理的な批判の腰を折るという面で「堕落のアシスト役」ですらある。米国メディアは社会の自浄能力を発揮した。日本のメディアは恥ずかしくないか。〟

これに対し、この記事を執筆した**毎日新聞政治部の宮原健太記者**が**「傍観していません」**と同日、ツイッターで反論した。

〝記事執筆者ですが、傍観していません。他にも野党ヒアリング詳報や自民党の学術会議批判のファクトチェックもしています。記事をきちんと読めば分かりますが、これは集中審議について与野党の主張を載せたスタンダードなものです。1つの記事だけ見て「ふざけている」と批判するのは極めて短絡的です。〟

続くツイートで宮原記者は、

〝報道におけるストレートニュースとは何かという認識が浸透していないのだろう。それは各々の主張を載せた、媒体としては客観的で中立的な記事で、議論の土台になるもの。それを土台に作った批判を含む主観的な記事とは位相を異にする。新聞紙として記事が読まれなくなり説明が必要になってしまった。〟

と記した。

さらに宮原記者は1年前から開設していた「ブンヤ健太の記者倶楽部」というみずからのＹｏｕＴｕｂｅチャンネルで、記事公開の5日後の11月15日に、この問題を取り上げた。

●【ＬＩＶＥ配信】記者が語る！ニュースとは一体何なのか⁉【毎日新聞】

宮原記者の主張は、私なりの理解で要約すれば

・ストレートニュースと深掘り記事の違いを理解していただきたい。
・この記事はストレートニュースであり、批判的な視点も入れた深掘り記事は、他に配信している。それらを総体として捉えていただきたい。
・国会の状況を報じる場合に与党側の主張と野党側の主張の双方を並べるのは、スタンダードなものだ。

というものだ。

私は宮原記者の主張には同意できる部分もある。「逃げ切り」という「自民党幹部」の声を記事で報じたからといって、宮原記者が「自民党は逃げ切った」と考えているわけでもないことも理解している。この記事の見出しは宮原記者がつけたものではなく整理部がつけた見出しであり、その見出しに対する批判まで宮原記者が背負わなければならないのは気の毒だとも感じている。毎日新聞の一宮俊介記者が11月11日のツイートで指摘しているように、この記事の紙面での見出しは「月内に予算委　合意　野党　首相になお照準」というものであったという。

また、私は宮原記者のこの記事を「ふざけている」とは思わない。宮原記者自身が語っているように、これは毎日新聞の政治部記者が書く記事として「スタンダード」な形式にのっとったものなのだろう。

けれども、私も山崎氏と同様に、このような政治報道のあり方自体を、各社の政治部記者には見直していただきたいと考えている。そのことを以下に論じたい。

宮原記者は上記のYouTube番組で、ニュースを次の3つに分類している。

1．事実関係や現場の状況を伝えるストレートニュース

2．物事の問題点をあぶり出し、指摘、批判する深掘り記事（有識者や現場の声をもとに指摘、批判する）

3．記者の主観的な意見を載せたコラムや社説

そして、前出の記事は「ストレートニュース」に該当し、批判的な視点を織り込んだ「深掘り記事」は別途存在していることに目を向けてほしいと主張している。

その指摘を一応は受け入れつつも、私はより深く問い直してみたい。では、ストレートニュースには記者や新聞社の「視点」や「判断」は含まれないのか、と。

例えば日本学術会議の任命拒否問題を考えてみよう。学術会議が推薦した6人の学者が任命されなかった。それは事実だ。菅義偉首相は「総合的、俯瞰的観点」から任命を行ったと説明した。その説明は説明になっていないとは思うが、菅首相がそう語ったこと自体は事実だ。

菅首相はまた、日本学術会議の会員推薦のあり方が「閉鎖的」で、「既得権益じゃないかな」と思ったとも国会で語っている（参議院予算委員会　2020年11月5日）。これも、その認識は私は妥当ではないと思うが、菅首相がそう語ったこと自体は事実だ。

では、どれも「事実」であり、菅首相がおこなった判断や発言だから、どれもストレートニュースで報じるに値するものだろうか。

例えば、

●菅首相「既得権益じゃないか」　学術会議問題　参院予算委

といった見出しをつけて、菅首相の「既得権益」発言を報じることは可能だ。しかし、そのように報じてしまうと、P72で取り上げた「**世論誘導**」の問題が生じる可能性がある。

「菅首相がそう語ったこと自体は事実であり、それをニュースで報じただけだ」というスタンスでその「既得権益」発言を大きく報じた場合を考えてみよう。毅然とした表情の菅首相の写真でも添えれば、「そうか、学術会議は既得権益を享受している学者の集まりなのか。けしからんな。ここは菅首相には大ナタを振るってほしい」と考える人も出てくるだろう。

しかし、恣意的な任命拒否が問題になっているのに「既得権益」などという言葉を菅首相が持ち出すのはおかしいと新聞社が判断すれば、これはストレートニュースで報じるには値しない発言とみなすこともできる。

毎日新聞は「既得権益」という菅首相の発言をそのままストレートニュースで大きく報じることはせず、翌日の深掘り記事で「口撃」の一例として左記の記事で取り上げた。賢明な判断であったと考える。

●菅首相が主張する学術会議の「既得権益」　本当にあるのか、いいがかりか（毎日新聞2020年11月6日）

つまり、「首相がこう発言した」という「事実」があったとしても、それをストレートニュースで取り上げるか否か、というところには、**新聞社の「判断」や「視点」**があるのだ。そしてある「事実」をストレートニュースで取り上げる場合でも、どのぐらいの字数を割いてどこまでを報じるか、写真をつけるか、つけるならどういう写真をつけるか、などの判断がそこに入る。

例えば毎日新聞は2020年10月18日に渋谷駅前で行われた「日本学術会議会員候補の任命拒否に対する抗議街宣（#1018渋谷プロテストレイヴ）」を写真・映像つきで500字あまりの字数を使って大きく報じた。

●「権力の乱用繰り返されている」学術会議任命拒否で学者・作家らが渋谷で抗議（毎日新聞　2020年10月18日）

記事には「アーティストらで作るグループが主催」したことも書かれており、スピーチの内容だけでなくプラカードの内容も紹介されている。

しかし、この街宣が実施されたという「事実」を報じる場合でも、例えば「渋谷駅前に集まった若者たち」を群集として捉えた写真を載せて、「なにやら怪しい集まり」のように見せることもできる。「大事な問題だと思います」という声と共に「何を騒いでいるのかわからない。迷惑」という声も紹介することによって、「迷惑だよね、まったく」という反応を呼び起こすこともできる。

このように、「事実」を伝えるストレートニュースであっても、何をどういう形で取り上げるかというところに新聞社の、あるいは記者の、「視点」があり、「判断」が働き、その「視点」や「判断」が、その記事を読んだ読者に一定の「反応」を呼び起こすという効果は持ち得るのだ。

前述のＹｏｕＴｕｂｅ番組で宮原記者自身も、「ニュースとは、記者の意見をダイレクトに伝えるものではない」が、「もちろん、記者の意見は、書き方によって、加わってはくる」と語っている。

さて、ここまでの考察を踏まえた上で、Ｐ81に挙げた「逃げ切り」記事に戻りたい。宮原記者はこれを「ストレートニュース」と位置付けた。しかし、果たしてこれは「ストレートニュース」なのだろうか。

まず、「事実の記述」とは言えない記述がある。

〝野党は、答弁を不安視される首相に照準を合わせ追及する方針だ。〟

〝自民党は当初、学術会議を扱うことに慎重だったが、国民の批判は広がっていないと判断した模様だ。〟

〝一方、野党は、政権を現状では追い込むには至らないが、首相の答弁ぶりは批判対象になりうると考える。〟

これらは与野党の関係者の発言や文書をそのまま紹介したものではなく、記者がつかんだ「感触」を文章化したものだろう。その意味で、厳密な形での「事実の記述」ではない。ただし、その「感触」の裏付けとなりそうな言葉は紹介されている。

〝自民党幹部は**「事務所に批判の電話も少ない」**と述べ、**「逃げ切り」**に自信を示す。〟

〝野党関係者は**「首相の不誠実な答弁ぶりを有権者に伝えられれば、十分政権へのダメージになる」**と指摘する。〟

というのがそれだ。

それぞれのカギカッコの中は、それぞれの人の実際の発言であると思われ、それらの発言から右記のような「感触」をつかんだものと思われる。

しかし問題なのは、これがいずれも「自民党幹部」「野党関係者」と、**匿名発言**であることだ。

匿名発言を報じることの問題は、P72～80で取り上げた。匿名であるがゆえに、発言者はその発言の責を負わずに済む。読者は、誰がそう語ったのか、知ることができない。

さらに、**「自信を示す」**という言葉遣いに注目したい。「事務所に批判の電話も少ない」「逃げ切り」というこの「自民党幹部」の発言は、本当に「自信」の表れなのだろうか。「自信」の表れではなく、逆に、虚勢を張って、何も問題ないかのように装っているのかもしれない。ここにもやはり、記者がつかんだ「感触」が反映されているように思うのだ。「ストレートニュース」として「事実」だけを書くならば、「自信を示す」という表現は不適切だ。**「自民党幹部は『事務所に批判の電話も少ない』と述べ、『逃げ切り』を口にした」**とするなら、「事実」だけになる。

このように書けば、その「逃げ切り」という言葉をどう受け取るかは、読者に委ねられる。その方が、「不誠実だ」「許されることではない」と読者が受け取る書き方にもなりうる。**「事実」の書きぶりの中に「批判」を込めることができるのだ**。なのに、「『逃げ切り』に自信を示す」と書くと、そこには**「自民党はこのまま逃げ切るだろう」という記者の情勢判断が反映されているように見える**。だからこそ、「そんな身勝手な『逃げ切り』を毎日新聞は許すのか」という批判を招くのだろう。

この「自信を示す」のように、記者の「感触」を織り込んだような表現が、国会をめぐる報道では目立つ。産経新聞の左記はその露骨な例だ。

●首相「『全集中の呼吸』で答弁」に乱れも（産経新聞　2020年12月6日）

この記事にはこういう記述がある。

〝臨時国会の論戦では、野党が日本学術会議の会員任命見送りや安倍晋三前首相の「桜を見る会」に絡む問題への攻勢を強めた。しかし、**首相は安全運転に徹し**、答弁原稿に目を落とす姿が目立った。〟

「安全運転」とは何を意味するのか。失言をしないということなのか。他にも「野党の挑発にも淡々とした答弁で対応した」「冷静な答弁ぶりも際立つ」などとあり、「菅首相の答弁は野党の挑発に乗らない安定したものだった」と言わんばかりの**「評価」が、この記事には織り込まれている**ように見える。

ここまで露骨ではないが、しかし、左記の毎日新聞の記事も似たような部分がある。

●与党、菅首相答弁減らし成果　野党追及は決定打欠く　国会閉幕（毎日新聞　２０２０年12月４日）

〝4日に事実上閉幕した臨時国会は政府・与党が会期を41日間に絞り、菅義偉首相の出番を極力減らすことで、国会論戦の**初陣**に臨んだ首相の**防護に徹した**。野党は安倍晋三前首相側の「桜を見る会」前夜祭費用補塡（ほてん）問題などで政権を追及したが、**決定打を欠いた**。野党は次期衆院選をにらみ、今後の閉会中審査や年明けの通常国会で追及を継続する構えだ。〟

「初陣」「防護」「決定打を欠いた」などと、**まるで対戦ゲームのようだ。**国会審議は、単に支持率争いの場なのか？

「首相の不誠実な答弁ぶりを有権者に伝えられれば、十分政権へのダメージになる」という前出の宮原記者の記事にあった「野党関係者」の発言も、支持率争いや政局がらみの発言だ。

　実際にそういう発言をした野党議員はいたのだろうが、なぜそういう声をここで拾って紹介するのか。それは記者が、というよりは**政治部の国会報道が、「与野党攻防」として国会の場を描くことを「スタンダード」としているからだろう。**しかし、それでよいのか。

　国会を支持率争いや政党の存在感を高めるための場や敵失をねらう場と捉えるのではなく、**議論の場として捉え、論点を軸に報じることこそを「スタンダード」にすること**はできないのか？

「『逃げ切り』に自信」の記事も、改めて見直してみれば、報じられているのは**「政局」**だ。「野党は、答弁を不安視される首相に**照準を合わせ追及する**方針だ」「（自民党幹部は）**『逃げ切り』**に自信を示す」「（野党関係者は）**『十分政権へのダメージになる』**と指摘する」。「照準」という言葉に見られるように、ここでもまるで対戦ゲームのように、いかに相手にダメージを与えるか、いかにポイントを稼ぐかに国会審議のねらいがあるかのように描かれている。

そこに欠けているのは、**何が論じられ、その論点はどうなったか**、だ。日本学術会議の任命拒否問題で言えば、菅首相が恣意的に違法な任命拒否をおこない、そのことについてまともな説明も国会でおこなわなかった。だから野党は集中審議で引き続き学術会議の問題を取り上げることを求めている。そういう事態であることが、この記事では全く記述されていない。

いや、「恣意的」とか「違法」とかは判断が分かれることだから、そういう主観的な判断をストレートニュースに混ぜることはできない、と反論が来るかもしれない。ならば野党の指摘と政府の答弁を論点整理すればよいではないか。野党は繰り返し、学術会議の会員の任命は「形式的任命」だという83年当時の答弁に言及した。恣意的な判断の余地は考えられておらず、答弁でも推薦の通りに任命すると法解釈を詰めていることが答弁されていた。立憲民主党の小西洋之議員は、当時の資料を丹念に掘り起こして質疑に臨んだ。

しかし菅首相はそれらを受け止めず、解釈は変更していないと主張し、83年答弁について加藤勝信官房長官は、40年前の国会答弁の趣旨を把握することは難しいと、過去の国会答弁の意味を無効化する発言を行った。

そういう論点整理をおこなうことの方が、「逃げ切り」とか「政権へのダメージ」とかの「与野党攻防」を論じるよりも大切ではないのか。なぜ論点を軸にしたそういう報道ではなく、「与野党攻防」という対戦ゲームのような報じ方が政治部による節目節目の国会報道の「スタンダード」であるのか。

山崎雅弘氏の批判も、「『逃げ切り』に自信」という記事への多くの人の違和感も、結局そこに行きつくように思われる。政局報道もあってもよい。しかし、**政局報道ばかりでなく、国会を見続けている政治部記者は、もっと論点に沿った国会報道をおこなうべきだ。**

論点に沿った報道をおこなえば、事実を記述しながらも、何が問題と指摘されたのか、その問題に対して政府が説明責任を果たしたか否か、といったことを記事にできるはずだ。

そういう記事があって初めて、野党の「追及」が正当なものであるか否か、政府与党の「逃げ切り」が正当なものであるか否か、読者が判断できる。

国会審議では、野党議員は敵失をねらったり政党アピールを繰り返しているわけではなく、学術会議の問題で言えば、記者が任命拒否の違法性を繰り返し問うて説明責任を求めているのと同様に、野党議員も**違法性を繰り返し問い、説明責任を求めている**。その意味では、報じるべきことはたくさんあるはずだ。なのに、野党議員の質疑が論点に即して取り上げられることは少ない。**批判的な視点は、識者のコメントに求められがちだ**。しかし、任命拒否の撤回のような「結果」が出なければ国会審議の内容は報じるに値しない、というわけではないだろう。

　論点に注目せずに、まるで対戦ゲームのように国会を見てしまうと、「ゴールを許さなかった」「負けを認めなかった」政府与党の「勝ち」のように見えてしまう。野党はなんとか「敵失」をねらっても、「ダメージ」を与えることに失敗したかのように見えてしまう。客観的な政局報道のように見えて、そのような報じ方は、政権側に「余裕」があるように見せ、野党側を「無力」であるように見せる報道になってしまう。そのような政治報道は、冒頭に紹介した山崎氏が語る通り、**「論理的な批判の腰を折るという面で『堕落のアシスト役』ですらある」**。

　そのような**「政局」報道に偏することをやめ、論点を軸にした報道に重点を移せば、野党議員の役割をより正当に伝えることになり、報道もより権力監視の役割を果たすことができる**はずだ。野党議員の法案審議や行政監視活動を、まるで政権へのダメージをもっぱらねらった作戦であるかのように報じていないか。政治部記者の方々には、言葉遣いも含めて、ぜひ自己検証していただきたい。

「野党は反発」とは

ここまで、「照準」「初陣」「防護」「決定打に欠けた」など、まるで対戦ゲームを実況中継しているかのような国会報道の言葉遣いに注目した。

前項では触れなかったが、前から違和感を抱いてきた言葉として、それらに加えて、「反発」を取り上げたい。

「反発」という言葉は、野党に対して多用される。「野党は反発」というのが典型例だ。試しに2020年1月1日から12月7日までの朝日新聞と毎日新聞の紙面記事を「野党は反発」で検索すると、朝日新聞で2件、毎日新聞で9件ヒットした。具体的には下記の通りだ。

〈朝日新聞〉

（１）「森氏は11日の衆院法務委で『個人の見解だった』と釈明したが、**野党は反発**し、国会は12日午前から全面的に審議が止まった」（【森法相「逃げた」答弁、謝罪し撤回】２０２０年３月13日夕刊）

（２）【（考　次期政権の課題：６）改憲論議、首相主導が裏目「９条に自衛隊を明記」、**野党は反発**】（２０２０年９月12日朝刊）（本文中には「露骨な首相主導に立憲民主党などが**猛反発**」との記述も）

〈毎日新聞〉

（３）「小泉氏は同日事実関係を認めたが『危機管理は万全だ』と繰り返し強調し**野党は反発**を強めた」（【新型肺炎会議：新型肺炎会議　小泉氏、欠席を「反省」野党追及に態度一変　森、萩生田両氏も地元会合】２０２０年２月20日朝刊）

（４）「秋葉氏は27日、首相官邸で記者団に『首相が自粛を要請したのは26日午後で、私のパーティーは夕方だった。物理的に中止は難しかった』と理解を求めているが、**野党は反発**している」「野党は28日、『国民には非常時だと言って協力を求めて、身内は何食わぬ顔でパーティーを開いている』（国民民主党の渡辺周衆院議員）などと**反発**している」（【新型肺炎：新型肺炎「非常時」なのにパーティーとは　秋葉氏に**野党反発**　首相は更迭否定】２０２０年2月29日朝刊）

（5）「松川氏は予算委後、記者団に謝罪したが、**野党は反発**している」（【感染防止巡り自民がヤジ「高齢者歩かない」参院予算委】２０２０年3月3日朝刊）

（6）「与党は週内に内閣委で採決し、早期の衆院通過を目指すが、**野党は反発**している」（**【ＮＥＷＳＦＬＡＳＨ：検察庁法改正案　政府、必要性を強調】**２０２０年5月13日夕刊）

（7）「13日の衆院内閣委員会で、武田良太行政改革担当相は黒川弘務東京高検検事長の定年延長とは無関係だと強調したが、**野党は反発**。『黒川氏の人事を後付けで正当化する法改正だ』と批判した」（【焦点：検察幹部定年延長法案、野党退席「黒川氏の人事正当化」】２０２０年5月14日朝刊）

（8）「過去最大の予備費にも**野党は反発した**」（【クローズアップ：新型コロナ　2次補正予算成立「丸投げ」拭えぬまま】２０２０年6月13日朝刊）

（9）「閉会中審査への安倍晋三首相の出席にも前向きではなく、**野党は反発**を強めてい

る」（【臨時国会の早期召集、慎重姿勢　野党要求に自民・森山氏】２０２０年8月1日朝刊）

(10)「開き直りとも取れる答弁により、**野党は反発**をさらに強めた」（【「最長」のおわり：残された課題／2　不祥事の数々　人事握り、官僚「忖度」】２０２０年8月31日朝刊）

(11)「説明を尽くさない姿勢に対し、**野党は反発**を強めている。立憲民主党の枝野幸男代表は16日、記者団に『安倍政権以上に上から目線の政権になっている。学術会議そのものに対し、学問の世界に対して上から目線で、それに関して何も説明もしようとしないこと自体が上から目線だ』と批判した」（【焦点：首相、学術会議梶田会長と会談「丁寧な説明」ほど遠く　わずか15分、両者かみ合わず】２０２０年10月17日朝刊）

検索ワードを工夫すればもっと拾えるだろうが、このくらいにしておく。

「野党は反発」というこれらの記事を見渡して思うのは、**「反発」という言葉が随分と空疎な言葉**だということだ。どういう意味合いでそのようなリアクションをとったのかが示されていない。**野党側の論理が見えてこない**のだ。

「反発」という言葉を辞書で引くと、「他人の言動などを受け入れないで、強く否定すること。また、その気持ち」（デジタル大辞泉）、「はねかえすこと。はねかえること。外から加えられる力や他人の言動などに反抗して、うけつけないこと。負けずに反抗すること。また、そういう気持。」（日本国語大辞典）などと説明されている。

「受け入れない」「はねかえす」「うけつけない」――「ですが……」と意見された男性が、「なんだと⁉」と机をバンと叩く。「少々お待ちください」と言われた女性が、「いつまで待たせるの！」と声を荒げる。そのような「感情的で否定的なリアクション」という意味合いが、「反発」という言葉には感じられる。

しかし実際の国会で野党議員がおこなっているのは、「**批判**」「**反論**」「**異議申し立て**」「**指摘**」「**主張**」「**抵抗**」などだ。「そのような説明では説明責任を果たしていない」「そのような違法なことは許されない」「そのような対応は不適切だ」「このような状態で採決を急ぐべきではない」――そのように、**理由があって異議申し立てをおこない、説明責任を果たさないまま性急にことを進めようとする政府与党の動きに、対抗しているのだ。**

なのにそれを「反発」という言葉で表現してしまうと、まるで**理もなく感情的に騒いでいるだけのように見える。**それは野党に対して失礼だし、「**野党は反対ばかり**」「**パフォーマンス」「野党はだらしない」といった表層的な見方**を強化することに加担してしまう。

国会報道は与野党の動きを報じるのだというのなら、**野党がなぜ反対しているのか、どのような指摘をおこなっているのか、何を批判しているのか、その内容を示すべき**ではないか。「野党は反発」と言わずに、**「野党は『……』と批判した」と書くべき**ではないのか。なぜ、そうしないのか。

「いや、字数の関係で端的に表現しているだけだ」という反論があるかもしれない。ならば「野党は反発」と書かずに**「野党は批判」**としてみたらどうか。「反発」と「批判」では、印象が異なる。「批判」であれば、根拠があって反対していると見える。

例えばＰ99の（４）の記事であれば、「野党は28日、『……』（……）**などと反発している**」とせず、「野党は28日、『……』（……）などと批判」と書けばよいではないか。（11）の記事であれば、「説明を尽くさない姿勢に対し、**野党は反発を強めている。**立憲民主党の枝野幸男代表は16日、記者団に『……』と**批判した。**」と書く代わりに、「説明を尽くさない姿勢に対し、**野党は批判を強めている。**立憲民主党の枝野幸男代表は16日、記者団に

『……』と**指摘した**」などとしてもよいではないか。「反発」という言葉を使わずに書くことは可能だ。

さらに考えたいのは、「反発」という言葉は、**権力者に対峙する側にのみ使われがちな言葉**ではないのか、という点だ。野党ではなく政府与党の側のリアクションを紹介する場合にも果たして使われているだろうか。

例えば左記を見ていただきたい。

〝30日の参院本会議で、安倍政権が新型コロナウイルス対策として配布した「アベノマスク」の評価が議論となった。立憲民主党の古賀之士氏が「古今東西、まれに見る残念な政策」と**こき下ろした**のに対し、田村憲久厚生労働相は「国民から感謝やお礼の声もいただいている」と**反論した**。〟（【アベノマスク「国民から感謝も」 立憲議員の批判に田村厚労相】 時事通信　２０２０年11月30日）

ここでは立憲民主党の古賀氏の発言は「こき下ろし」と表現され、他方で、田村厚生労働大臣の発言は「と反論した」と表現されている。古賀氏は感情をあらわにし、田村大臣は冷静に対応したかのような表現ぶりだ。しかし、この田村大臣の発言は、もしそれが野党の発言であれば、「と反発」と表現されたのではないだろうか。

「桜を見る会」をめぐる安倍晋三首相（当時）の国会答弁を紹介した左記の記事も同様だ。

〝野党はホテル側と書面でやりとりして提示するよう要求したが、首相は「私がウソをついているというのであれば、（ウソだと）説明するのはそちら側だ」などと**拒否し続けた。**〟（【明細書、主催者に未発行「ない」　ホテル見解、答弁と矛盾「桜を見る会」】朝日新聞　2020年2月18日）

これなども、「首相は『……』などと猛反発した」と書いてもよさそうなものだが、「などと拒否し続けた」という表現になっている。**野党**については「**反発**」という言葉を使い、**政府与党**については「**反論**」などという言葉を使う。そのような使い分けは、無意識のうちにおこなわれているのだろう。

しかしその背後には、「女は感情的で、男は理性的」といった固定的なジェンダーバイアスと同様の、**「野党は感情的で、政府与党は冷静」**といったバイアスが潜んでいないだろうか。記者個人がそのようなバイアスを抱いていなくても、政治部記事の「スタンダード」として、そのようなバイアスを織り込んだ書きぶりが引き継がれていないだろうか。

「反発」という言葉は、政治の場面以外でも、**権力者の意に背く言動を指す場合に使われやすい。**例えば左記のように。

●「米グーグルで、人工知能（ＡＩ）の倫理部門の責任者だった著名な黒人女性研究者が『解雇された』と訴え、**経営陣への反発が社内外に広がっている**」（【黒人研究者「解雇」、グーグルに抗議文「ＡＩ偏り」論文】朝日新聞　２０２０年12月7日朝刊）

●「問題なのは調査受け入れを決めるまでの過程だ。寿都町の片岡春雄町長は当初から『最終的には私の肌感覚』で決めると一貫していた。住民説明会でも『肌感覚』を繰り返し、応募を前提としたような説明に**反発は強まった**」（【記者の目：核ごみ処分、調査受諾の2町村　民意反映されたか疑問＝高橋由衣（北海道報道部）】毎日新聞　２０２

0年12月3日朝刊）

しかし、同じような文脈でも、「反発」という言葉を使わず、「抵抗」という言葉を使っている記事もある。

●「『新しい歴史教科書をつくる会』の流れをくむ育鵬社の教科書を採択する学校が、激減している。２０１１年の初採択以来、保守系首長の後押しでシェアを伸ばしてきたが、**現場の教師や市民団体の抵抗を受け、**21年度から別の教科書に変える自治体が相次いだためだ」（【安倍氏が支援した育鵬社教科書の採択が激減した理由　菅首相は…】毎日新聞　２０２０年9月22日）

國枝すみれ記者によるこのデジタル限定記事では、「現場の教師や市民団体の抵抗を受け」と、「反発」ではなく「抵抗」という言葉が用いられている。

「反発」と表現されると、感情的で一時的なリアクションのような印象を受けるが、「抵抗」と表現されると、強い意志で粘り強く抗う、という印象を受ける。

実際、記事ではそのような粘り強い取り組みが紹介されている。だからこそ「反発」ではなく「抵抗」という表現を記者は選んだと見ることもできる。しかし、他の記事で「反発」という言葉を用いた記者たちも、「反発」という言葉を使わずに表現すれば、なぜ「反対」しているのか、何を「批判」しているのか、どのような「反論」や「抵抗」をおこなっているのか、といった点にさらに目を向けることができたのではないか。

國枝記者は毎日新聞統合デジタル取材センターの記者で、左記のような深掘り記事を執筆されている方だ。

●NHKは何を間違ったのか～米黒人差別の本質：NHK動画に厳しく抗議　偏った黒人像を作った「400年制度化された差別」（毎日新聞　2020年6月24日）

この記事は、アメリカの抗議デモを紹介したNHKの「これでわかった！世界のいま」という国際ニュース番組の公式ツイッターが流したアニメ動画がなぜ問題であったかを、400年にわたる「制度化された差別」に目を向ける中で明らかにしていく記事だ。「激怒する筋骨隆々の男性を登場させ、『粗野で、怒りのコントロールができない』という黒人に対する否定的な固定観念（ステレオタイプ）とくっつけてしまった」との識者の見解を紹介した。

黒人の歴史を専門とする坂下史子・立命館大学教授に話を聞いてまとめた記事だが、誰に何を聞き、どうまとめるかという点に、記者の視点や力量が表れる。

この記事に見られるような國枝記者の視点の確かさが、前出の教科書問題に関する記事における「抵抗」という言葉選びにも表れているように、筆者には思われるのだ。

筆者は『呪いの言葉の解きかた』（晶文社、２０１９年）の中で、アルバイト先のトラブルに関し、「**文句を言う**と、職場の雰囲気を壊す」と語る学生の言葉に注目した。この「文句」という言葉には、「文句を言うヤツ」という経営者の否定的な目線があらかじめ織り込まれている。「文句を言う」ではなく「**抗議する**」「**異議申し立てをおこなう**」と言い換えてみれば、こちらに理があり、正当に権利を主張しているだけだと思うことができる。言葉ひとつで、そのくらい認識は変わるのだ。

「反発」という言葉もやはり、「文句」と同じように、「**面倒なリアクションを起こす者たち**」という目線が織り込まれた言葉のように感じる。「反論」「批判」といった表現に変えると、そのようなリアクションを起こす側にも理由があることが感じられる言葉になる。そう考えるとやはり、**「野党は反発」という言葉遣いは問い直されるべき**だと思うのだ。

野党については「反発」という言葉が多用される一方で、野党の追及を受けた政府与党側には**「かわす」**という言葉が多用される。「かわす」という言葉は、「誠実に対応せずに逃げる」というような卑劣さを表すよりは、何を言われても動じないという気持ちの余裕を感じさせる。クレーマーの理不尽なクレームを**言葉巧みに退けるようなイメージ**だ。

このように見てくると、国会報道の言葉遣いは、どっしりとした横綱に、血気盛んな小柄な力士が挑んでおり、それを政治部記者が実況中継しているように見えてくる。相手がどのような技を繰り出してきても、動じない横綱。その横綱になんとか土をつけてやろうと策を練る小柄な力士——しかし、国会をそのように見てよいのだろうか。

そんな言葉遣いで実況されると、「いくら野党がダメージを与えようと騒ごうが、政権はびくともしない。諦めなさい」と言われているような気になる。数の力を重視すれば、そのような見方になるのかもしれない。しかし、質疑の中身に注目すれば、そのような実況はできないはずなのだ。

ここで、違う見方を紹介したい。与野党の役割を野球における攻守に譬えた小川淳也議員の見方だ。同じように対戦ゲームに譬えているのだが、その対戦ゲームの目的は相手を打ち負かすことや自分のチームの得点を稼ぐことではない。

「今夜は小川淳也がじっくり語ります！これまでの政治、コロナ後の社会」という2020年5月26日のYouTube配信で、小川議員はこう語った（映像の33：37より）。

〝野球で言うと政権交代は、攻守交代に似ているんです。

政権与党はそれまで、守備に就いているんですね。エラーをしないように。ポテンヒットがこないように。**守備に就いて国民生活を守るのが与党の仕事です。**

一方、野党は、守備に就いた人たちの粗を探さなければいけません。それは粗探し自体が目的じゃないんです。粗のあるような守備配置では、最終的に国民生活が被害を受けるので、**きちんと粗を見つけて叩いて、交代させて、守備位置を整えさせるプレッシャーをかけるのが野党の仕事**なんです。だから、批判的立場から検証する。これが野党の最大の仕事なんです。

ですから野党は、守備に就くんじゃなくて、バッターボックスに入って、バットを振るんですね。できるだけ強い打球を打つんです。それによって、どこに粗があるか、その粗が国民生活に被害をもたらさないか、そういうチェック機能を果たすのが野党の仕事なんです。〟

この譬えはよくわかるのだ。与党と野党は、共に国民生活を守ることに責任を負っている。与党は直接的な形で責任を負っており、野党はチェック機能を果たすという形で責任を負っている。粗を探すのは、しっかりとした守備固めをさせ、国民生活に被害が及ぶことを防ぐためであって、相手を打倒するためではない。もちろん与党が守備の役割をしっかり果たせないなら、「交代させろ」と求めるわけだが、それも国民生活を守るためだ。

そういう捉え方と、国会を単なる対戦ゲームのように捉える捉え方では、どちらが適切か。小川議員の捉え方の方だろう。そうであれば、「反発」と表現されている行動の背後にある論点にこそ注目すべきだ。そこに守備の乱れ、粗があるのだから。その粗をなくすよう求めることは、与党にダメージを与えることが目的ではなく、社会をより正常に機能させることが目的なのだから。

なのに単なる対戦ゲームのように報じてしまうと、それが何のためのゲームなのかが見えなくなる。国会を、単に権力争いや支持率争いのための場のように見せてしまうことになる。そのような報じ方は、国会質疑の意義を損なうものだ。

立憲民主党で国対委員長を務めた辻元清美議員も、著書『国対委員長』（集英社新書、2020年）の中でこう語っている（P63─64）。

〝与党は法案提出前に党内審査を済ませてお墨付きを与えているのですから、国会審議で法案が本当に正しいものなのかをチェックするのは野党の役割なのです。言い換えれば、野党が厳しく追及しても耐えうる法案なのか、それをチェックするのが国会の質疑の場なのです。〟

小川議員の野球の譬えと辻元議員のこの説明は重なり合う。法案審議であれ行政監視であれ、野党の役割はしっかりとしたチェックなのだ。

そう考えると、**時事通信**の次の記事のような言い回しがいかに不適切か、わかっていただけるだろう。

〝先の臨時国会で首相を攻めあぐねた**野党はほくそ笑んでいる。**立憲民主党幹部は「GoToを含むコロナ対策と疑惑で政府・与党への不信が広がった」と断じ、共産党の小池晃書記局長は会見で「首相がコロナ対応で迷走する姿に国民が失望している」と語った。〟（**【内閣支持急落に政府が危機感　GoTo批判、与党にも】**時事通信　2020年12月8日）

これではまるで、GoToキャンペーンの推進や政府のコロナ対策の不備によって感染が拡大し、医療現場や国民がさらに苦境に陥るのを、野党議員が「しめしめ」と喜んでいるかのようだ。

国会審議を「与野党攻防」という視点で捉えるから、「ほくそ笑んでいる」などという表現になる。実際には野党はGoToトラベルの継続が感染拡大につながっていないかと問い、医療崩壊を防ぐための対策を求め、事業の継続や雇用を守るための迅速な対応を求めている。

「菅政権が失政を重ねて国民がさらなる苦境に陥れば、自分たちに政権交代のチャンスがやって来るぞ」とほくそ笑んでいるわけではない。いいかげんにしてほしい。

報道の見出しに潜む危険性

政治と報道について考察を進めてきたが、ここでネット記事の見出しの問題を考えたい。取り上げるのは、共同通信の2020年11月8日配信記事である。**「官邸、反政府運動を懸念し6人の任命拒否」**という見出しだ。

この見出しの共同通信記事は、11月8日の6：00に配信された。同記事は同日午前のうちにアップデートされ、**「官邸、『反政府先導』懸念し拒否　学術会議、過去の言動を問題視か」**と見出しが変更されて再配信された（本文は1段落から2段落へと追加）。前の見出しの記事は削除された。本稿執筆時では8：44にアップデートされた記事が残っている。

●官邸、「反政府先導」懸念し拒否　学術会議、過去の言動を問題視か（共同通信　2020年11月8日　8：44（JST）updated）

筆者はこの記事をツイッターで同日の7時台に確認し、急ぎ、次のように指摘した。

〝予算委員会が終わったタイミングを見計らって、こういう本音を政府関係者が漏らして、「そうするのは当然だろう」という世論誘導を図る。分断を煽るやり方です。〟（7：33）

〝しかし「安全保障政策などを巡る政府方針への反対運動を先導する事態を懸念し」を「反政府運動」とまとめる共同通信の言語感覚も疑う。〟（7：40）

講演先に向かう電車の中であったが、なんとかこのような見出しの記事の拡散は防ぎたいと、さらに続けて次のようにツイートした。

〝見出ししか読まない人が多いだろうことを考えると、特に。〟（7：41）

〝政府の判断は常に正しい、それに異を唱える者は政府に歯向かうやつだ。そういう認識を政府関係者と共有していなければ出てこない表現だと思う。**「反政府運動」という表現は。**しっかりしてくれ、共同通信。アメリカがようやく分断から統合へと向かおうとしているときに。〟（7：47）

筆者の他にも「反政府運動」という表現に違和感を表明するツイートが相次ぎ、共同通信側にも届いたのだろうか、その後、見出しは**「官邸、『反政府先導』懸念し拒否　学術会議、過去の言動を問題視か」**と変更された。現在も残っている記事は「8：44（ＪＳ

Ｔ）ｕｐｄａｔｅｄ」と記載されているが、見出しが変更されたのはそれより前だろう。

この見出しにも問題があり、筆者は続けて左記のようにツイートしている。

〝政府のある方針に対し反対の意思を表明することや、その方針で進まないように反対運動を行うことは、「反政府運動」や「反政府先導」ではない。**「反政府」という表現はやめるべき。**〟（8：24）

〝先ほどの記事の「反政府運動」にしろ、この記事の「反政府先導」にしろ、共同通信は「反政府」という見出しで、先導して犬笛を吹いてしまっている。すみやかに改めるべき。〟（8：28）

〝現政権のある方針や法改正に反対することとその政権そのものを批判することは違うし、政権交代を求めることと「反政府」も違う。「反政府」という表現は、「反日」や「国賊」といった見方に容易に道を開く。実際、そういう方向でのリプライが既に来ている。報じかたには注意してほしい。〟（9：06）

その後も筆者は断続的にこの見出しについての懸念をツイッター上で表明し、同日夜にはなぜこの見出しが不適切なのかを改めてツイートした。ここからは改めてこの見出しの問題を検討したい。

第1に問題なのは、**「反政府運動」という言葉のきつさだ**。「反政府運動」というと、まるで武力をもって国家転覆を図る運動のように聞こえる。アフガニスタンの「反政府勢力」タリバンのように。

筆者のツイートにも言及しながらこの記事の報じ方を取り上げた山口一臣氏も、「反政府」という言葉を「尋常ではない言葉」と捉え、単に政府の方針に反対する人たちを「反政府組織」などと呼ぶ報道は、自分の知る限り見たことがないと述べた。筆者も同感だ。

●【日本学術会議の任官拒否問題】共同通信が菅官邸の世論誘導に加担？　――山口一臣
（Y！ニュース　2020年11月9日）

例えば日本で、原発の再稼働に反対するデモや、安保法制に反対するデモなど、具体的な論点に即したデモがあり、さらに「安倍は辞めろ」のように、首相の辞任や政権交代を求めるデモもあるが、それらは「反政府運動」とは呼ばれない。一般的な呼び方は「反対運動」だろう。では、なぜ「反政府」などという言葉が見出しに用いられたのか。

6：17時点で配信されていた記事の全文は左記の通りだ。

〝首相官邸が日本学術会議の会員任命拒否問題で、会員候補6人が安全保障政策などを巡る**政府方針への反対運動を先導する事態を懸念し、**任命を見送る判断をしていたことが7日、分かった。複数の政府関係者が明らかにした。〟

最終版（8：44（JST）updated）の記事は二つの段落から構成されているが、そちらを見ても「反政府運動」という表現はない。「反政府」という表現もない。ならば、「反政府」という表現はどこから来たのか。

「**官邸、反政府運動を懸念し6人の任命拒否**」というこの記事の見出しは、数時間後に「**官邸、『反政府先導』懸念し拒否　学術会議、過去の言動を問題視か**」という見出しに改められた。「反政府運動」は「反政府先導」に変わり、「反政府先導」は、カギカッコでくくられた。しかし、これでも問題がある。

記事の見出しのカギカッコは、通常、誰かの発言を指す場合に用いられる。つまり、引用符だ。P81で検討の対象にした左記の記事では、「逃げ切り」とは取材先の与党関係者の発言だった（宮原健太記者に確認済み）。

●自民、学術会議問題で「逃げ切り」に自信「批判の電話も少ない」月内に集中審議（毎日新聞　2020年11月10日）

そのような場合には、この記事のように引用符（カギカッコ）を見出しに付けて報じるのが適切な報じ方と言える。

一方、この共同通信の記事は、**「複数の政府関係者が明らかにした」**内容をまとめたものとされているが、そのうちのいずれかの関係者が実際に「反政府」という表現を口にしたか否かは、明らかではない。記事に書かれているのは、**「政府方針への反対運動を先導する事態を懸念し、任命を見送る判断をしていた」**ということだけだ。ならば、カギカッコをつける意味は不明なままだ。

もし政府関係者の誰かが「反政府」という言葉を実際に口にしていたのなら、それを報じる価値は、ある。そのようなきつい言葉を使うほどに、政府関係者がこの6名を排除したいという強い動機を持っていたことを表すからだ。

しかしその場合は、本文にもカギカッコつきで「反政府」という言葉がなければならない。また、その「反政府」という言葉を見出しに掲げることによって、実際にこの6名が危険人物であるかのような誤認が生じてしまう危険性についても、見出しで配慮が必要だ。

例えば同じ共同通信の記事だが、左記の記事では「ワクチン発表わざと遅らせた」というトランプ大統領の言葉だけが見出しにされるのではなく、「一方的恨み節」という言葉が添えられている。それによって読者は、見出しを見ただけであっても、実際にそのような「わざと遅らせた」事実があったわけではなく、トランプ大統領がそのように不当な言いがかりをつけているると理解することができる。

●「ワクチン発表わざと遅らせた」　トランプ氏、一方的恨み節（共同通信　2020年11月21日）

しかし、学術会議をめぐる共同通信の11月8日の記事では、最初の見出しでもあとの見出しでも、「反政府」というきつい表現が誤った世論誘導につながってしまう危険性に対する慎重さが、うかがわれないのだ。

では、政府関係者が実際に「反政府」という言葉を口にしたのではなく、見出しを付けた者が、**「政府方針への反対運動を先導する事態を懸念し」**という内容を勝手に**「反政府運動を懸念し」**と要約してみたり、**「官邸、『反政府先導』懸念し拒否」**と表現してみたりしたのだろうか。そうであるならば、あまりにも軽率だ。

報道機関各社によって事情は少しずつ違うのかもしれないが、記事を書く者と見出しをつける者は別であるらしい。P82で紹介した毎日新聞の宮原健太記者は、みずからのYouTube番組の中で、そのあたりの事情を語っている（映像の23：39より）。

●【LIVE配信】記者が語る！ニュースとは一体何なのか⁉【毎日新聞】（2020年11月15日）

宮原記者が語ったところによれば、記事の見出しは記者がつけるのではなく、整理部

（毎日新聞の場合は「情報編成総センター」）がつけているのだという。そして、新聞紙面の見出しをつける担当者とネット記事の見出しをつける担当者も別なのだという。そのため、それぞれの見出しは大きく違うのだという。

Ｐ81で取り上げた宮原記者の記事も、本文の内容は同じだが、ネットの見出しと紙面の見出しは、左記のように大きく異なっていた。

●自民、学術会議問題で「逃げ切り」に自信　「批判の電話も少ない」　月内に集中審議（毎日新聞　２０２０年11月10日）（ネット記事）

●月内に予算委 合意　野党 首相になお照準（毎日新聞　２０２０年11月11日朝刊）

そして、宮原記者が語るところによれば、記者は紙面が刷り上がった「ゲラ」については、メールで送られてきて確認し、見出しがおかしければ修正を依頼することもあるそうだが、ネット記事については、気づいたら記事が既に載っているという場合がほとんどなのだという。そして、思っていたのとは全然違う見出しが載った形で記事が配信されるということが多々、あるのだという。

この宮原記者のネット記事にしても、

●自民、学術会議問題で「逃げ切り」に自信　「批判の電話も少ない」月内に集中審議

ではなく、例えば、

●月内に集中審議　自民、学術会議問題「逃げ切り」　野党「説明の意思ない」

といった見出しであれば、強く批判されることもなかったのではないか。宮原記者自身、与党の主張と野党の主張の双方を記事で取り上げていると語っており、実際の記事もそうなっていた。みずからの署名記事が、自民党側の主張に偏った見出しをつけてネット配信されたことは、宮原記者にとっては不本意であっただろう。

それと同じように、この共同通信の記事についても、記事を書いた記者は、「『会員候補6人が安全保障政策などを巡る政府方針への反対運動を先導する事態を懸念し、任命を見送る判断をしていた』という本音をせっかく聞き出して記事にしたのに、なんていう見出しをつけてくれたんだよ。これじゃ、台無しじゃないか」と思っていたかもしれない。

しかし、外部から批判されたタイミングで見出しをつけ直しても、なおも「反政府先導」という表現を用い、「反政府」という言葉を削除しなかった共同通信の対応を見ると、**「もしかしたらこれは、意図的な世論誘導なのか**」という疑念を抱いてしまうのだ。

ツイッターに流れてくるネットニュースはクリックして開かない限り、見出ししか読めない。筆者も複数のニュース提供主体のアカウントをフォローしているが、見出しを見て興味を持ったもの以外は、見出しの文字を目にするだけだ。そのため、その見出しが「反政府運動」であれば、それを目にした人が「任命拒否された人たちは、そんな危険な人たちなんだ……」という認識を刷り込まれてもおかしくない。

そのような意図的な世論誘導は、実際におこなわれていると筆者は考える。例えば産経新聞のこの記事は、それに当たると思われる。

●学術会議の会員手当約４５００万円　加藤官房長官が人件費示す（産経新聞　２０２０

年10月６日）

この見出しを見て、「えっ？　学術会議の会員になると４５００万円ももらえるの？」と思わないだろうか。

日本学術会議が推薦した６名の学者が任命拒否された事実がしんぶん赤旗の１面報道によって表に出たのは２０２０年10月１日だ。問題が大きく報じられる中で、10月上旬には、学術会議が中国の軍事研究に参加しているなど、様々なデマ情報が拡散された。

●学術会議巡るデマ拡散で重なった「五つの条件」とは（毎日新聞　２０２０年11月19日）

その渦中でのこの報道だ。産経新聞の記事本文にはこうある。

〝加藤勝信官房長官は６日の記者会見で、毎年約10億円が計上されている日本学術会議の予算のうち、人件費として支払われた金額を示した。加藤氏は令和元年度決算ベースと断った上で、会員手当として総額約４５００万円、同会議の事務局の常勤職員50人に、人件費として約３億９千万円支払ったと説明した。「それ以外に旅費などが乗ってくる」とも

述べた。〃

本文にあるように、この会員手当は「総額」だ。一人当たりの手当ではない。ならば見出しでも「総額4500万円」と書くべきだ。しかし、そう書かれていない。さらに記事本文を見ると、事務局職員については、常勤職員50人に人件費約3億9千万円を支払ったと、「人数」と「総額」が書かれているのに、会員手当については4500万円という「総額」しか書かれておらず、「人数」が書かれていない。

会員の定員は210人なので、総額4500万円を210人で割ると、21万5千円弱となる。月額ではなく、年額だ。一人あたりの会員手当は、申し訳ないくらいのものでしかないことがわかる。なのに**「学術会議の会員手当約4500万円」**と見出しをつけて報じる。これは世論誘導を目的とした悪意ある報道だろう。そうでないとするならば、報じる意味などない情報だからだ。

また、P114で紹介したように、時事通信の2020年12月8日の記事は、**「先の臨時国会で首相を攻めあぐねた野党はほくそ笑んでいる」**と、政府がコロナ対応で迷走していることをあたかも喜んでいるかのような報じ方をした。

●内閣支持急落に政府が危機感　ＧｏＴｏ批判、与党にも（時事通信　２０２０年12月８日）

そういう状況を見ていると、「共同通信も……？」と疑いの目で見てしまうのだ。

もう一つ、疑いの目で見てしまう事情がある。この報道のタイミングだ（※）。共同通信の記事が配信された11月８日の前日の７日には、毎日新聞と社会調査研究センターによる世論調査の結果が発表された。

●菅内閣支持率57％　７ポイント下落　学術会議任命拒否「問題」37％　毎日新聞世論調査（毎日新聞　２０２０年11月７日）

それによれば、菅内閣の支持率は内閣発足直後の調査から7ポイント低下した57％であった。しかし、日本学術会議の新しい会員として推薦された6人の任命を菅義偉首相が拒否したことについては、「問題だ」と答えた人は37％で、「問題だとは思わない」44％、「どちらとも言えない」18％という結果となり、「問題だ」とする者の割合はそれほど高くなかった。

この結果を菅政権が見れば、「学者が問題にしていても、世論に影響はない。押し切れる」と思っても不思議ではない。だから、そのタイミングで、「もう一押し」と考えたのではないか――そう推測されるのだ。

〈※記事執筆時にはこのように書いたが、確認してみたところ、この毎日新聞の記事の配信は11月7日　17：41であり、また、この世論調査が実施されたのも同じ7日のことだったと記されている。

他方で、共同通信のネット記事は11月8日の6：00に配信されており、また、11月8日の地方紙にはネット記事よりさらに詳しい記事（共同通信の配信記事）が掲載されていた。とすると、共同通信の記者が毎日新聞らの世論調査結果を踏まえて政府関係者に取材したとはタイミング的に考えにくい。ただし、政府が別途、独自に世論調査をおこなっており、そこで同様の結果を得ていた可能性は考えられる。〉

ここでもう一度、11月8日の共同通信の記事の内容を見てみよう。

〝首相官邸が日本学術会議の会員任命拒否問題で、会員候補6人が安全保障政策などを巡る政府方針への反対運動を先導する事態を懸念し、任命を見送る判断をしていたことが7日、分かった。**複数の政府関係者が明らかにした。**〃

「複数の政府関係者が明らかにした」とある。ここに登場するのも匿名発言なのだ。

政府の方針に従わない者を排除したのだろう、ということは、その前から言われていたことだ。しかし、菅首相をはじめ政府関係者は、そのことは認めてこなかった。10月5日の報道各社によるグループインタビューでは、菅首相は「この6人の方の、政府提出法案に対する立場というものは、今回の人事と関係ないということでいいのか」との問いに「全く関係ありません」と答えていた（TBS映像　6：00より）。

つまりそれは、公にできない本音だった。だから共同通信がその本音を政府関係者から聞き取ったのなら、スクープと言えるのかもしれない。しかし、なぜ「複数の政府関係者」がこのタイミングで記者に本音を語ったのか。それは、世論調査の結果を見て、「このタイミングで本音を語れば、世論はこちらについてくる」と考えたからではないか。だから「複数」の関係者がそろって取材に応じたのではないか。

もしそうであるならば、共同通信はそのような政府の邪悪な意図に加担する報道をおこなったことになる。「反政府運動」という見出しも、政府による世論誘導の意図を知りながら、それに乗ったからではないか。だからこそ、「反政府」のような異様な言葉を見出しにつけたのではないか。「まさか共同通信が」と、信じたくない思いではあるのだが、そう考えることもできてしまうのだ。

「官邸、反政府運動を懸念し6人の任命拒否」という2020年11月8日の共同通信の記事は、任命拒否された6人の学者にとっては大変な報道被害だ。なぜそのような報じ方になったのか、共同通信は説明すべきだ。

しかし、この問題を取り上げたJ-CASTニュースが翌日の11月9日に共同通信社に取材したところ、共同通信社総務局は**「記事の差し替えなどは適宜行っていて、通常の編集作業の一環です」**と答え、批判については「コメントする考えはございません」と答えたという。

●「反政府運動」共同通信の記事に違和感噴出　見出し変更も「コメントする考えはございません」（J-CASTニュース　2020年11月9日）

筆者はこの対応をとても残念に思う。共同通信社を筆者は基本的に信頼しているのだが、この11月8日の報道については、なぜこのような見出しになったのか、公式な説明がほしい。説明があり、改善策が語られることが、信頼回復のためには大切だ。**報道の力は、よくも悪くも大きい。その力を濫用せずに、適切に使っていただきたいのだ。**

「誤解を招いた」という「反省そぶり」

菅義偉首相が5人以上で会食をおこなった件に関し、**「国民の誤解を招いた」**と弁明した。記者には「誤解とは、どういう誤解か」とその場で尋ねてほしかったが、その後、改めて官房長官記者会見で問い直されることとなり、「国民の誤解」という表現が都合よく**「反省そぶり」**に利用されたことが明らかになった。本項ではこの件を取り上げる。

まず、事実関係を簡単に整理しておこう。菅首相は２０２０年12月14日の夜に、都内の高級ステーキ店にて自民党の二階俊博幹事長や著名人らと会食をおこない、店から出てくる様子がカメラに収められ、報じられた。参加者が8人ほどであったとみられることから、5人以上の会食を控えるよう政府が求めてきたことと矛盾する首相の行動が批判されることとなった。

しかし12月16日午前の衆議院内閣委員会では、大西健介議員（立憲民主党）の質疑に対し、西村康稔担当大臣が「一律に5人以上はダメだということを申し上げているわけではございません。何かそうした強制力があるわけでもありませんし」と、菅首相の行動を無理やり擁護するような発言を行った。

その状況の中で、12月16日午後の官房長官記者会見の冒頭にこの会食の問題を問われた加藤勝信官房長官は、

「今回の総理の会食について、**国民の皆さんの誤解を招いたというのではないか、という指摘については、これは真摯に受け止めていかなければならない**と考えております」

と答えた。

しかし批判は収まらず、同日の官邸内での「ぶら下がり」の質問の場で、今度は菅首相みずからが、この件について言及することとなった。そのときの記者の問いと菅首相の答

えはこうだ（首相官邸　2020年12月16日「新型コロナウイルスの感染症の現状等についての会見」映像の1：29より）。

●**記者**　二階幹事長ら（と）の、大人数の会食は適切だったとお考えでしょうか。

●**菅首相**　まず、他の方の距離は十分にありましたが、**国民の誤解を招くという意味においては、真摯に反省をいたしております。**

加藤官房長官も菅首相も、**国民の「誤解」**と口にしている。加藤官房長官は、「国民の皆さんの誤解を招いたというのではないか、という指摘については」と答えているが、質問を行った共同通信の記者は、「誤解」という言葉は口にしていない。「誤解」という話は、加藤官房長官が勝手に持ち出した話だ。菅首相についても同様だ。

これらの発言に対し、「国民は誤解などしていない」と批判が湧き起こった（P98〜110に書いたように、**「反発」**が起きたのではない。念のため）。

では、菅首相のこの「反省」を、報道各社はどう報じたか。

次の3つの記事を、見出しに注目しながら見比べてみてほしい。本文については、該当箇所のみを抜き出した。

●国民の誤解招くという意味で真摯に反省＝二階氏らとの会食で菅首相（ロイター　2020年12月16日　19時07分）

〝菅義偉首相は16日夜、GoToトラベルの全国一時停止を発表した夜に自民党の二階俊博幹事長らと5人以上で会食したことについて「他の方の距離は十分あったが、国民の誤解を招くという意味では真摯に反省している」と語った。〟

●首相「真摯に反省」　5人以上の会食「距離は十分」説明（朝日新聞　2020年12月16日　19時28分）

〝菅義偉首相は16日夜、政府が新型コロナウイルスの感染防止策として会食は少人数で行うよう呼びかけるなか、14日に5人以上で会食したことについて「国民の誤解を招くという意味においては真摯（しんし）に反省している」と陳謝した。「他の方との距離は十分にあった」と説明した。〟

●忘年会の自粛呼び掛けているのに…菅首相「国民に誤解招き反省」その夜また、はしご会食（東京新聞　２０２０年12月16日　23時54分）

〝政府の新型コロナウイルス感染症対策分科会は会食は少人数にするよう呼び掛けており、首相は14日の会食について「国民の誤解を招くという意味において、真摯に反省している」と語った。首相は「他の方との距離は十分にあった」とも釈明した。〟

さて、皆さんはどう思われるだろう。**東京新聞**の記事は批判的な論調が見出しにも表れている。「菅首相は、この日の記者団との質疑の後も2件の会食に出かけた。公表された出席者数は、いずれも4人以下だった」と、**「反省」の姿勢がなさそう**なことも併せて伝えている。

それに対し、**朝日新聞**の報道は随分と菅首相に寄り添っているように見える。「真摯に反省」という見出しであり、「国民の誤解を招くという意味では」という限定が抜け落ちている。他方でロイターの見出しと東京新聞の見出しには、国民の「誤解」という言葉が入っている。筆者は、**「首相『真摯に反省』」**という朝日新聞の見出しは、**不適切**だと考える。これだと、5人以上の会食に参加したことを「真摯に反省」したかのように見える。

しかし、菅首相は、会食への参加を「真摯に反省」したのではない。**「国民の誤解を招くという意味においては、真摯に反省をいたしております」**と述べたのだ。従って、ストレートニュースという意味では、朝日新聞よりもロイターの報じ方のほうが適切だ。

では、菅首相は何を反省したのだろう。文字通り解釈すれば、真摯な「反省」の対象は、「国民の誤解を招く」という意味での「反省」だ。「会食が不適切だった」という反省ではなく**「国民の誤解を招くことになってしまった」という反省**なのだ。

このような菅首相の「反省」の弁は、**「不快な思いをさせたとすればお詫びしたい」**というよくある謝罪の言葉と同様に、**みずからの非を認める代わりに批判する相手の側に問題があるかのような言い方**だ。

「不快な思いを抱いたというあなたの一方的な言い分を、私は迷惑に感じているが、しかし、この場を収めるために頭を下げておこう」というのが「不快な思いをさせたとすれば……」という言い方だ。

それと同様に、「国民の誤解を招くという意味においては、真摯に反省をいたしております」というのは、**「『誤解』する国民の側に問題があるのだが、しかしここは一応、反省**

のそぶりを見せておくのが得策だろう」と、**「反省そぶり」**を見せて場を収めようとしたものと言える。

では、国民はどのように「誤解」したというのだろうか。

「誤解などしていない。5人以上の会食を控えよという政府の呼びかけを私たちは正しく理解している。その呼びかけに反する行動を菅首相自身がとったことを私たちは批判しているのだ」というのが、国民の側の気持ちだろう。

そのため、5人以上の会食に菅首相が参加したという行動だけでなく、「国民の誤解を招く」という言い方を菅首相がしたことにも、批判が集まった。それを受けて12月17日の加藤官房長官の記者会見では、「誤解」という表現に焦点を当てた記者の質問がおこなわれている。

そのなかで**東京新聞の村上一樹記者**の質問が興味深い。12月17日午後の官房長官会見での問いだ。まず村上記者は、「国民の誤解」という発言に対し、「批判」があがっている（村上記者も「反発」とは表現していない。良いことだ）と指摘し、受け止めを聞いている（内閣官房長官記者会見映像の13：23〜）。

しかし、加藤官房長官はそれに応えない。「誤解」という言葉を口にしないまま、話をはぐらかす。まず、そのやり取りを見ていただこう。村上記者が問うている間、加藤官房長官は下を向いて書類を見ており、村上記者の方に目を向けず、表情を見せないようにしている。

●村上記者　東京新聞の村上です。首相の会食と、その後の「国民の誤解」との発言について、改めて伺います。会食それ自体もさることながら、「国民の誤解」と発言したことについても、野党などから、「国民は誤解していない」などの批判があがっています。こうした「誤解」発言に対しても疑問視する声があがっていることを、政府はどう受け止めていますでしょうか。

●加藤官房長官　あの……、今朝の会見でも申し上げたところでありますけれど、感染リスクが高まる５つの場面で指摘されている、大人数や長時間の飲食を避けることをお願いしている中で、総理の当該会食が適切だったのか、という、まさに指摘だというふうに考え、総理からも、「大いに反省している」というふうに述べておられるわけであります。

あの、引き続き政府として、国民の皆さんの声を真摯に受け止めて、対応していきたいと考えています。

菅首相は「真摯に反省をいたしております」と語っていたのに、加藤官房長官は「大いに反省している」と言い換えてしまっているが、まあ、そこはおいておこう。

この加藤官房長官の答弁からわかるのは、「国民の誤解を招くという意味においては」という菅首相の発言について、これ以上追及されたくない、という姿勢だ。

もし菅首相の行動によって、国民の側に何か「誤解」が生じてしまっており、そのような「誤解」を招く事態となっていることが「真摯に反省」しなければならない状況であるのなら、菅首相も加藤官房長官も、その「誤解」を解き、国民が「正しい理解」に至るように、説明を尽くす必要があるはずだ。しかし、そのような姿勢は見えない。

注目されるのは、村上記者がこのやり取りで諦めずに、別の記者の問いのあとでもう一度、更問いをしたことだ。今度は「国民の誤解」とはどういう意味かと、ストレートに問うている。そう問い直すことによって、加藤官房長官がその質問から逃げたがっていることが、改めて浮き彫りにされた。前出の内閣官房長官記者会見映像の17：13からだ。見てみよう。

●村上記者　東京新聞の村上です。**先ほどの「誤解」発言について、もう一度、お伺いいたします。**

ちょっと私の理解が足らなかったのか、ちょっと理解ができなかったので、（理解が）追い付かなかったので、もう一度、お伺いしたいんですけれども、先ほど、大人数で長時間に及ぶ飲食を避けることをお願いしているにもかかわらず、当該会食をおこなったことが適切だったかどうかということが、指摘を受けているというご説明だったかと思うんですけれども、大人数での食事をしていたということ自体は、事実としてあったと思うんですが、そうしますと結局、**国民が誤解をしたとしたらという、その「国民の誤解」というのは、どういう意味だったんでしょうか。**

●加藤官房長官　**あの……、そこ……に留意するよりも、むしろ、**様々なご指摘を受けてですね、総理はまさに、大いに反省しているというふうにおっしゃっておられるわけでありますから、まさに、その気持ちがすべてではないか、というふうに思います。

さて、どうだろう。**「反省していると言っているのだから、もういいだろう」**という開き直りのように聞こえる。国民が「誤解」しているかのように菅首相が一方的に言及したことが批判されているのに、その「誤解」について、どのような意味かと改めて問われても、何も説明しない。なぜか。それはつまり、菅首相が会食に参加したこと自体に非を認めていないということを明言するわけにもいかず、しかし、「国民の誤解」という発言を撤回するわけにもいかず、加藤官房長官がその場で何とか言い繕おうとしているからだろう。

つまり、**「国民の誤解」というのは、本質的に反省しないまま反省しているそぶりを示すために、都合よく動員された口実**だと考えることができる。国民の側は、自分たちが「誤解」しているかのように、不当にいいがかりをつけられたのに、そのことを抗議しても、「そこに留意するよりも」と、その抗議自体もまた「不当ないいがかり」であるかのように、加藤官房長官は、いなしたのだ。「そこに留意するよりも」とは、「いずれにいたしましても」と同じだ。

さて、筆者は「国民の誤解」という表現も含めて菅首相の「反省」発言を整合的に解釈してみた。**「他の方の距離は十分にありましたが、国民の誤解を招くという意味においては、真摯に反省をいたしております」**という菅首相の発言は、言葉を足せば、たぶん、こういう内容になるだろう。

「私が８人ほどの会食に参加したことから、５人以上の会食をしても全く問題はないかのような国民の誤解を招くこととなり、真摯に反省をいたしております。

５人以上の会食は場が盛り上がることによって飛沫が飛びやすくなり、感染のリスクが高くなるため、注意していただきたいという政府の従来の説明は、なんら変わるものではありません。しかし、内閣総理大臣の私にとって、会食の機会は、非常に重要なものであることもまた、ご理解いただきたいと考えております。

確かに私は、『静かなマスク会食』をしたとは言い難く、食事の間、マスクは袋に入れており、席にはアクリル板も設置されておりませんでした。しかし、このステーキ店は換気が行き届いており、座席の間隔も保たれておりました。感染のリスクは低い環境であったと考えております。この会食に参加したこと自体に、反省すべき点があったとは、私は考えておりません。

とはいえ、このような整った環境での会食は高価なものとならざるを得ないことも事実であり、国民の皆さんに同様の環境で会食を楽しんでいただくことは、なかなか難しいものと考えております。従って国民の皆さんには、引き続き5人以上の会食はできるだけ避けていただき、『静かな年末年始』を送っていただきたいと考えております」

つまり、**「私の会食については、問題はなかったのですが、皆さんは5人以上の会食は控えてください。そこは誤解しないでくださいね」**ということだ。もしそのように説明すれば、「国民の誤解」という言葉も整合的に説明することができる。しかし、国民の反感を大いに買うことは、間違いないだろう。

このように、自分たちに都合よく相手の「誤解」を想定して、「誤解を招くこととなり反省している」などと反省の「そぶり」だけを見せ、実のところは自分の言動についてはなんら反省の意を表明しない、といったことはよくあることだ。

よくあることだが、それを見過ごさずに、「その『誤解』とは何か」と、記者はその場で問い直してほしい。そうすることによって、言い逃れを許さず、改めるべきは改める、という率直な姿勢を引き出してほしい。

「謝ったら負け」のように政府が非を認めない姿勢に固執することは、今のように新型コロナウイルスの感染拡大が続く状況の中で、政府が柔軟に軌道修正しながら現状に対処することへの支障となる。頑固な首相とその首相を無理筋でも擁護しようとする閣僚たち、という現状は、私たちがＮＯを言い続けることによって、変えなければならない。

論点に沿った国会報道が事態を動かす

「国会報道がまるで対戦ゲームのように報じられている」と指摘する筆者のもとに、ツイッターにて「国会会議録パトロール」さん（@kokkaipatrol）から、前千葉県知事の**堂本暁子**氏が同様の指摘をされていたことを御指摘いただいた。左記の記事だ。

●平成ネット政治史／５　パソ通掲示板「永田町日記」　政策議論を市民に発信＝逢坂巌

（毎日新聞　２０１８年９月20日）

堂本氏は１９８９年に参議院議員となり、社会党会派に所属されていた。１９９４年12月にパソコン通信「ニフティサーブ」の掲示板で「**永田町日記**」の発信を始めており、ネット政治の先駆者の一人とされる方だという。記事にはこうある。

〝堂本氏はＴＢＳ報道局の出身だ。80年代初め「ベビーホテル」と言われた認可外保育施設の劣悪な状況を伝えるキャンペーンをして児童福祉法改正を実現。81年度の新聞協会賞を受賞した。ライバルである新聞や雑誌も熱心に取り上げ、世論を盛り上げた成果だった。ところが89年に**参院議員になると、取り組む政策や課題、立法のプロセスをなかなか報じてもらえなくなった。**

（中略）

日本の政治報道では、政治家個人や政党内や政党間の政策議論が取り上げられることは少ない。**「選挙の応援になってしまうから避けてしまう。**だけど、それでは**殻の部分ばかりが書かれ、**後世に真実が伝わらないのでは」と今もその在り方を危惧する。穴を埋める手段がネットだったという。〟

取り組む政策や課題、立法のプロセスがなかなか報じられない。政治家個人や政党内や政党間の政策議論が取り上げられることが少ない。「殻の部分ばかり」が書かれる。――筆者がこの連載で取り上げてきた問題意識と重なり合う。

「国会会議録パトロール」さんからは、「30年前にはすでに、政治部の取材姿勢、政局報道のスタンダードから欠落している大事な要素が堂本さんからも明確に指摘されていて、にもかかわらずあまり顧みられた形跡がないことも気になる」との指摘がおこなわれた。

また、筆者と「国会会議録パトロール」さんが共に気になっているのが、日本の政治報道で政治家個人や政党内や政党間の政策議論が取り上げられることは少ないのは、「選挙の応援になってしまうから避けてしまう」からだ、という見方だ。実際に、そこに原因があるのだろうか。

確かに選挙前の報道であれば、各党の主張を、字数も含めバランスよく報じることが求められてきた。しかし、選挙前でなくても、ある政党の主張やある議員の質疑に光を当てることは、「選挙の応援になってしまうから避けられてしまう」のだろうか。

もしそうであるなら、それは本末転倒と言えよう。国政選挙では市民が国会議員を選ぶが、その国会議員は、「国権の最高機関」（憲法第41条）たる国会において活動することが、本来の任務だ。**国会議員がその国会でどのような活動をおこなっているかを、市民が知る機会が限られているならば、どの政党や候補者に票を投じることが適切であるかを判断する材料が、極めて限定されてしまう。**

野党は「反発」したり「審議拒否」したりするだけの存在であるかのように報じられてしまったら、野党に票を投じることの意義を認識することもできない。そして、消費税減税のような目をひく政策を掲げるか否か、知名度の高い人物を候補者に担ぎ上げることができるか否か、といったことが投票行動を左右することになってしまう。それでは**健全な民主主義社会とは言えない**だろう。

そうではなく、日頃から**それぞれの議員や政党がどういう質疑を展開しているのか、どのような政策を重視し、どのような社会の実現を目指しているのか**に目を向ければ、この人にこそ、この政党にこそ、政治を託したいという判断が、より適切にできるはずなのだ。

日本は議院内閣制であり、法案は与党内で事前に審査されてから国会に提出されることになっているため、国会の質疑時間は野党に手厚く配分されており、論点が対立する場面も野党の質疑において起こる。そのため、国会質疑に注目して報じるならば、与党より野党を利することになってしまう、と思う方もいるかもしれない。

しかし、だからこそ政党や議員に、ではなく、そこで**論じられている論点に注目して報じていただきたい**のだ。そうすれば、野党の指摘と政府の答弁のどちらに理があるかが明らかになる。政策判断が分かれるような問題であれば、どちらの主張を自分は推したいのか、という判断にもつながる。野党の指摘が単なる難癖やパフォーマンスであれば、それは取り上げなくてよい。巧みな比喩や皮肉ばかりでなく、大事な指摘が取り上げられれば、見落とされがちな問題に丁寧に目を向けた議論や、緻密な論理展開などに、より適切に光を当てることもできる。国会の議論をより正常化させることにも、つながるはずだ。

法案が成立に至るかどうか、疑惑が解明に至るかどうか、といった**「結果」だけに注目した報道**になると、**「野党は反対ばかり」**とか**「野党はモリカケばかり」**とか**「いつまで桜、やってんだ」などという見方が力を得てしまう。**

「モリカケ桜」や日本学術会議の問題を野党が繰り返し取り上げざるを得ないのは、**政府が適切に資料を出したり、不適切なおこないがあったことを率直に認めて対処したりしな**

いからなのだが、議論の中身が注目されないと、「いつまで……」という見方を後押しすることになってしまうのだ。

本来、問われなければならないのは政府の対応なのに、追及をやめない野党の方が問題であるかのように見えてしまうのだ。

また、**質疑の中身**に注目しないと、**問題のある法案や政策が数の力で押し通されてしまう**。この法案はこういう欠陥がある、この政策ではこういう問題が見落とされている、そうした問題点を野党が国会で指摘しているのに、それが報じられなければ、市民が気づくことなく法案が成立し、政策が推し進められてしまう。そうして問題が表面化してから報じられても、遅いのだ。取り返しがつかない犠牲を防ぐことが、できなくなる。

逆に、質疑の中身が論点に沿って適切に報じられれば、何が今、問題であるかがわかり、審議中から世論が高まることによって、問題のある動きを封じることもできる。個別の検事長や検事総長を官邸の判断で勤務延長させることが可能となる検察庁法改正案の問題をChoose Life Projectが短期間のうちに集中的に2時間前後のネット番組で取り上げ続けたのはその好例だ。

Ｃｈｏｏｓｅ Ｌｉｆｅ Ｐｒｏｊｅｃｔは、テレビの報道番組や映画、ドキュメンタリーを制作している有志が始めた映像プロジェクトであり、検察庁法改正案をネット番組で取り上げたのは、２０２０年5月10日から5月23日までの間に、実に11回を数える。そのうち確認した限りで8回に、国会議員がオンライン中継や録画で参加している。左記のように党代表や国対委員長、各党幹部らが登場した回もある。

●5月12日：枝野幸男（立憲民主党・代表）・玉木雄一郎（国民民主党・代表）・志位和夫（日本共産党・委員長）・福島みずほ（社会民主党・党首）・足立康史（日本維新の会・幹事長代理）

●5月14日：安住淳（立憲民主党・国対委員長）・原口一博（国民民主党・国対委員長）・穀田恵二（日本共産党・国対委員長）・吉川元（社会民主党・国対委員長）

●5月18日：【第一部】中谷元（自由民主党）／【第二部】枝野幸男（立憲民主党）・玉木雄一郎（国民民主党）・志位和夫（日本共産党）・福島みずほ（社会民主党）・足立康史（日本維新の会）

●5月22日：【第一部】石破茂（自由民主党・元幹事長）／【第二部】黒岩宇洋（立憲民主党・国対委員長代理）・原口一博（国民民主党・国対委員長）・穀田恵二（日本共産

党・国対委員長）・福島みずほ（社会民主党・党首）・足立康史（日本維新の会・幹事長代理）・広田一（社保の会・国対委員長）

他の回では、弁護士、元検察官、元裁判長、元検事など司法関係者を集めた特集や、ツイッターデモをおこなった会社員の笛美さん、俳優やミュージシャンなど、声を上げる幅広い市民を集めた特集が組まれていた。

検察庁法改正案は、5月8日に衆議院内閣委員会で実質審議入り。同日に会社員の笛美さん（@fuemiad）が、ツイッターで「#検察庁法改正案に抗議します」という「一人デモ」を始め、このハッシュタグを用いたツイッターデモが急速に広がった。

5月15日の内閣委員会で採決が見送られ、5月18日に安倍晋三首相（当時）が今国会での見送りを表明。その後、黒川弘務東京高検検事長が緊急事態宣言中に新聞記者らと賭けマージャンをおこなっていたことが5月20日に週刊文春のウェブサイトで報じられ、黒川氏は5月22日に辞任した。同改正案は通常国会が会期末を迎えた時点で、いったん廃案となった。

安倍政権が検察庁法改正案の断念に追い込まれたのは、ツイッターデモの広がりの影響が大きかったと言われている。同時に、ツイッターで問題を知った市民が、何が問題なのかと詳しく知る機会が、Ｃｈｏｏｓｅ Ｌｉｆｅ Ｐｒｏｊｅｃｔの連日の番組で提供されていたことも大きいだろう。国会議員にとっては、街頭でスピーチをおこなう場合に比べ、より詳しく問題を語り、より広く届ける場がそこにあったと言える。

筆者が代表を務める**国会パブリックビューイング**も、**日本共産党の山添拓議員**に、２０２０年３月22日の時点で２時間にわたって緊急ライブ配信の形で解説をいただいていた。

●国会パブリックビューイング 緊急ライブ配信　検察庁人事への内閣介入問題（ゲスト解説：山添拓参議院議員（日本共産党）進行：上西充子（国会パブリックビューイング代表）（２０２０年３月22日）

山添拓議員は弁護士でもあり、論理が浮かび上がる質疑を落ち着いた声でおこなう若手の参議院議員で、このライブ配信でも黒川検事長の勤務延長をめぐる問題と検察庁法改正案との関係も含め、パワーポイント資料も用意して、見事に論点整理していただいた。ツイッターデモで問題を知ってからこの番組を見て、何が問題となっているのかがよくわかったという声も寄せられた。

今、国会で何が問題となっているのか、クリティカルな論点はどこにあるのかは、国会議員が一番よく知っているのだ。だから彼らの質疑や彼らの論点がより深く報じられれば、市民も論点を頭に入れた上で、審議の状況を見守ることができる。そして、その結果として、世論が政治を動かすこともできるのだ。

新しいメディアとしてのＣｈｏｏｓｅ Ｌｉｆｅ Ｐｒｏｊｅｃｔを取り上げたが、新聞社も政局報道ばかりやっているわけではない。これも前述の「国会会議録パトロール」さんが指摘されていたことだが、毎日新聞では「政治プレミア」という、与野党の個々の議員がみずからの政策を語る記事も配信されている。

また、２０１９年11月8日の**田村智子**議員による「桜を見る会」の質疑は、翌日の朝日新聞や毎日新聞の政治部の記事では小さな扱いでしかなかったが、当日のネットの反響を見た**毎日新聞統合デジタル取材センター**は、翌日にネット限定の記事で田村議員の質疑の内容を詳しく取り上げていた。

●「税金の私物化では」と批判あふれる「桜を見る会」何が問題か　国会質疑で分かったこと（毎日新聞　2019年11月9日）

その後、統合デジタル取材センターに**「桜を見る会」取材班**が結成され、11月12日から始められた同問題の野党合同ヒアリングの内容を同取材班はネット記事で詳報していくことになる。

同ヒアリングがおこなわれる国会内の「第16控室」に詰めかけた記者のうち、政治部の記者はノートやパソコンのみで身軽。一方で、同取材班はコートやリュックをしょって参加。見た目からして「アウェー感」が漂っていたと『汚れた桜』（毎日新聞出版、2020年）に記されているが、アウェーな場に彼らが入り込んでいったからこそ、政治部記者の手によるものとは異なる、臨場感あふれる詳報を私たちはネット記事で読めるようになった。

毎日新聞統合デジタル取材センターは、2019年7月に筆者が行った**齊藤信宏**センター長（当時）へのインタビュー（本書第3部）で伺ったお話によれば、２０１７年に新しく設けられた「政治部、経済部、社会部、外信部、それから大阪本社とか福岡本社といった各部署の、いわば一騎当千の記者を集めている」部署だ。２０１９年に人員を倍増させている。

別々の部で育ってきた記者が垣根を越えて集まり、互いに刺激を受けながら、字数の制約を離れて、みずからの企画に基づくネット記事を書く。そして、その経験を経て、従来の部に戻っていく。そのような新たな流れが、この部署の新設・拡充により生み出されている。

その流れの延長線上にあるのだろうか。２０２０年12月11日には、毎日新聞政治部の**宮原健太**記者（総理番記者を経て、現在は野党担当）による野党ヒアリング詳報が、ネット限定記事として配信された。

菅義偉首相がＧｏＴｏトラベル事業の継続の理由としている「約９００万人が観光関連に幅広く従事している」との発言について、過大推計ではないかと指摘する**黒岩宇洋**衆議院議員（立憲民主党）と観光庁観光統計調査室のやりとりを詳報したものだ。

●住宅街のコンビニ店員も…観光従事者「９００万人」は過大？　野党ヒアリング詳報（毎日新聞　２０２０年12月11日）

観光庁への同記者による追加取材もおこなわれており、それによれば、東京23区など全国の約半数が「観光地域」となっており、スーパーや百貨店、コンビニ、燃料小売業なども観光関連の業種に含まれ、住宅街のコンビニも含まれるという。

この記事などは、菅首相の発言を鵜呑みにせずに過大推計ではないかと指摘した野党議員の追及を、論点に沿って報じた記事と言えるだろう。

朝日新聞にも目を向けておこう。朝日新聞で東京政治部、大阪社会部で政治取材を担当したのちに新聞労連で中央執行委員長を、そして日本マスコミ文化情報労組会議（ＭＩＣ）で議長を務めた**南彰**氏は、安倍晋三首相（当時）や菅義偉官房長官（当時）の記者会見が官邸側に支配されて形骸化していることや、菅官房長官の記者会見で東京新聞の望月衣塑子記者に対してあからさまな質問妨害が繰り返されていること、安倍首相と政治部記者らが会食を重ねて市民の批判を浴びていることなどを深刻に受け止め、２０１９年３月

14日に官邸前で「知る権利」をテーマとした抗議行動をおこない、さらに2019年5月に官邸記者アンケートをおこなってその内容を公表するなど、精力的な活動を展開してきた。

筆者は2020年3月5日にこの南氏と共に、「十分な時間を確保したオープンな首相記者会見」を求めるネット署名を開始し、同日に国会パブリックビューイングのライブ配信番組でお話を伺っている。

●「総理記者会見」の現状に向き合う 対談：南彰（新聞労連委員長）・上西充子（国会パブリックビューイング代表）（2020年3月5日 YouTubeにてライブ配信）

同年3月18日には南氏と筆者が記者会見し、共同声明「市民の疑問を解消する 首相への質問機会を取り戻そう」を、日本マスコミ文化情報労組会議（MIC）と国会パブリックビューイングの連名で発表した。

この南氏は、『政治部不信―権力とメディアの関係を問い直す』（朝日新書）を2020

年6月に出版したうえで、新聞労連委員長としての2年の任期を終えて、9月に朝日新聞政治部に戻り、国会担当キャップとして、国会審議取材を指揮する立場となった。

●安倍総理辞任の衝撃の中、「官邸の天敵」南新聞労連委員長が朝日新聞政治部の現場に復帰――立岩陽一郎（Y！ニュース　2020年8月31日）

その南氏と同じ政治部に、2020年4月に福島総局から異動してきた小泉浩樹記者は、同年12月12日に下記のような記事を記している。

●ＧｏＴｏ追加、密室の説明　医療支援求める野党、政府は応ぜず（朝日新聞　2020年12月12日）

筆者と同様に政治をめぐる言葉に注目されてきた友弘克幸弁護士（@ktyk_TOMOHIRO）がツイッター上で注目して紹介されていた記事で、友弘氏が指摘しているように、野党をめぐる記述の言葉遣いが的確だ。記事の冒頭はこうだ。

〝**今は医療機関への支援が優先ではないか――**〟。政府が観光支援策「ＧｏＴｏトラベル」に3119億円の追加支出を閣議決定した11日、衆参両院の予算委員会理事懇談会では**野党側が見直しを要求した。**しかし、政府は国会審議が必要ない予備費で処理し、修正にも応じない考えだ。〟

そして次のような文章が続く。

〝野党筆頭理事の立憲民主党の辻元清美氏が**主張した**。『ＧｏＴｏ』の予備費には反対だ。医療支援にギアチェンジすべきだ」〟

〝同党の奥野総一郎氏は（中略）「国民に誤ったメッセージを発することになる。少なくとも年末年始に向けて停止すべきだ」と**指摘した**。〟

〝立憲、共産、国民民主の３党の議員は、感染拡大で疲弊している医療機関や医療従事者への支援策を優先するよう**見直しを求めた**。〟

「反発」などという感情的な言葉遣いは避けられている。野党の要求や指摘の中身も、丁寧に紹介されている。そう、こういう報道を望んでいるのだ。

ちなみに、同じ12月12日の毎日新聞朝刊をチェックすると、「ＧｏＴｏトラベル」の追加予算に３１１９億円を充てることなどが閣議決定されたという政府の動きを淡々と伝えた記事が掲載されているのみで、それに対する野党の見解は紹介されていなかった。

●ＧｏＴｏに追加、３１１９億円　予備費支出、閣議決定　コロナ対策（毎日新聞　２０２０年12月12日）

筆者がハーバー・ビジネス・オンラインで本稿を連載していたときに注目してくださった方々は、政治をめぐる現在の報道のあり方に、筆者と同様に問題意識をもっておられるだろう。その問題意識を、「もう○○など、いらない」という形で表明するのではなく、**問題があれば指摘し、良い取り組みは評価し、買い支えつつ変わっていくことを期待していきたい**と、筆者は考えている。

新聞社について言えば、組織メディアであるがゆえの身動きの取りにくさがあるものと思われる。しかし、報じる体制が整っている新聞社という報道機関が存在し続けることは、重要だ。記者を育てる組織としての新聞社の役割も、重要だ。志のあるフリーのジャーナリストや新興のネットメディアだけでは担いきれない役割を、大手の組織メディアは担い続けることが期待される。

市民の問題意識と個々の記者の問題意識、組織の上層部の問題意識がかみ合っていく中で、より適切に報道は、権力監視の役割を果たしていくことができるだろう。

第2部
国会報道に何が起きているか

国会演説の悪意ある切り貼り編集

2019年3月1日の衆議院本会議。根本匠厚生労働大臣（当時）の不信任決議案が野党より提出され、この間の統計不正問題を先頭に立って追及してきた小川淳也議員（立憲民主党・無所属フォーラム／当時）が、1時間48分にわたる渾身の趣旨弁明を行った。

その内容は「衆議院インターネット審議中継」より、録画で確認できるほか、国会パブリックビューイングでも趣旨弁明の全体を字幕つきで公開した。

●【字幕つき映像】3月1日衆議院本会議　根本厚生労働大臣不信任決議案趣旨弁明　小川淳也議員（立憲民主党・無所属フォーラム）YouTube

さらに筆者はその演説の全文を下記に文字起こしした。

●【文字起こし】小川淳也議員：根本厚生労働大臣不信任決議案趣旨弁明（2019年3月1日衆議院本会議）（上西充子note　2019年3月4日）

また、小川議員自身も、「本会議で言及した部分」、そして「時間切れだったが最も訴えたかった最終盤」をブログ「小川淳也の活動報告」で3月5日に発表している。

演説の文字起こしに、筆者が独自につけた見出しを並べると、下記の通りとなる。どういう内容だったか、おおよそのところをご理解いただけるだろう。

(1) 決議文
(2) 統計への不信
(3) 根本厚生労働大臣の指導力の欠如
(4) 理由の第一：初動段階における指導力の欠如
(5) 理由の第二：真相究明に至る判断力の欠如
(6) 理由の第三：被害者救済に向けた取り組みにおける適格性の欠如
(7) 理由の第四：実質賃金公表への消極姿勢
(8) 理由の第五：国会における答弁能力の欠如
(9) 安倍総理の任命責任
(10) 内閣総理大臣の責任：統計への官邸の不当な介入
(11) 部下への責任転嫁
(12) トップの部下に対する評価が、組織の体質を決め、職員の行動倫理を変えていく

(13)組織が揺らいでも、社会は揺るぎないものになる
(14)何が都合がよいか、悪いか、を基準とした言動の先に待つもの
(15)総理秘書官の越権行為
(16)GDPのかさ上げ
(17)GDP推計の基礎となる一次統計の見直し
(18)統計への政治介入
(19)統計への信頼回復のためには
(20)消費増税
(21)幼児教育の無償化
(22)ワーキングプア世帯を直撃する消費増税
(23)最大の闘いの対象は、国民の諦め
(24)安倍政権による言葉の粉飾
(25)国民は、どこへ連れて行かれるのか
(26)民のかまどを憂う思いを
(27)結論：真に国民の負託に応えるために、私たちに求められるのは、国民に対する信

頼

この小川議員の趣旨弁明演説を同日3月1日のＮＨＫ「ニュースウオッチ９」は報じたが、その報じ方は、あまりにひどいものだった。悪意ある編集により、小川議員はあたかも、政権を皮肉り、無駄に水ばかり飲み、いたずらに時間をつぶして喜んでいる礼儀知らずの議員であるかのように紹介された。そして、自民党議員の反対討論は、その小川議員の行為を諫めるものであるかのように報じられた。

以下にその「ニュースウオッチ９」において、趣旨弁明演説とそれに対する自民党議員の反対討論がどのように紹介されたか、文字起こしして見ておきたい。

あとで改めて説明を加えるが、最初に注意を促しておきたい。小川議員の演説は確かに映像で紹介された。しかしそれは冒頭部分だけで、統計標語を皮肉ったネット上のパロディを紹介した場面だった。**小川議員自身の言葉は、一言も、ただの一言も、紹介されなかった。**

右上テロップ　**「新年度予算案　与野党攻防　ヤマ場」**

●**アナウンサー**　新年度予算案をめぐり、激しさを増す与野党の攻防。立憲民主党など野党6党派は、統計問題の審議が不十分で、新年度予算案の採決は認められないとして、根本厚生労働大臣の不信任決議案を提出。

（映像：余裕の笑顔の根本大臣）

（映像：登壇する小川議員）

●**アナウンサー**　野党側が追及に用いたのは、ネット上に投稿された統計不正を皮肉った書き込みでした。

（映像：原稿に目を落として発言中の小川議員）

（テロップ「立憲民主党の会派に所属　小川淳也氏」）

●**小川淳也議員**　おかしいな　それでもいいや　ほっとうけい（統計）（ヤジ）

お上から　鶴の一声　好景気（ヤジ）

官邸の　意のままになす　数の技（ヤジ）

（コップの水を飲む小川議員）

（再び、コップの水を飲む小川議員）

●**アナウンサー**　途中、何度も水を飲む姿に、議長は

（映像：水差しの水をコップに注ぎ、飲む小川議員）

●大島理森衆議院議長　小川君に申し上げます。少し早めて結論に導いてください。

（映像：大島議長が議長席で右記のように発言する中で、それに背を向ける形でコップの水を飲む小川議員）

（映像：大島議長の発言に対し、拍手する議場の与党議員たち）

●アナウンサー　趣旨弁明は、2時間近くに及びました。

（映像：苦笑いしつつ、原稿を手に持って振る小川議員）

（映像：うんざりした表情で頬杖をつく自民党の橋本岳議員）

●アナウンサー　これに対し、与党は

（映像：深く礼をしてから、原稿を読み上げる丹羽議員）

（テロップ「自民党　丹羽秀樹氏」）

●丹羽秀樹議員　このたび野党諸君が提出した決議案は、まったくもって理不尽な、反対のための反対。ただの審議引き延ばしのパフォーマンスであります。国民の誰ひとりとして、このような無駄な時間の浪費を望んでいないことに、どうして気がつかないのでしょうか。（歓声と拍手）

●アナウンサー　不信任決議案は、自民・公明両党と日本維新の会などの反対多数で、否決されました。

（映像：議場を出たあとの根本大臣）

●根本匠厚生労働大臣　私の今までの職務遂行に対して、ご理解をいただいたものと受け止めております。しっかりと組織のガバナンスを確立していく。

このＮＨＫの映像が、どのように悪意に満ちていたか、簡単に解説しておこう。

第一に、前述したように、**小川議員自身の言葉が、一つも紹介されなかった**。紹介されたのは、冒頭の「つかみ」部分で、総務省の統計標語の募集に対してインターネット上にあふれた統計標語のパロディだけだ。まるで小川議員が、誹謗中傷だけで無駄に時間を埋めたかのような印象を与えるものだった。

第二に、**小川議員は無礼な議員であるかのような印象を与えた**。実際には**趣旨弁明の開始時に、大島議長に対しても議場の議員に対しても深く一礼しているのだが**、それは紹介されず、登壇のシーンに続いて、原稿を読み上げているシーンが流され（アナウンサーの音声がかぶせられ、何を語っていた場面かは読み取れない）、一礼した場面は紹介されなかった。それに対し、自民党の丹羽議員については、議場の議員に対して深々と一礼するシーンが流された。

「途中、何度も水を飲む姿に、議長は」というアナウンスもそうだ。いたずらに水ばかり飲み、無駄に時間を費やしているかのような印象を与えるものだった。また、引いたカメラで、水を飲む小川議員と、その背に向かって注意する大島議長、というシーンを捉えることにより、無礼な議員、という構図を示した。

実際には、大島議長が小川議員に注意したのは、**１時間48分のうちで、二度だけ**だ。前掲した見出しの(20)の消費増税に触れた場面で、この「少し早めて結論に導いてください」という発言があった（国会ＰＶ映像：１時間17分〜）。

さらに、(27)の結論のところで、**「(与党の)不規則発言に答えず、進行してください」**という発言があった（国会ＰＶ映像：１時間42分〜）。その二度だけだ。

しかし、大島議長の「少し早めて」という注意に続いて、その注意に拍手で応える与党議員を映し出すことにより、議長も議員もうんざりしている、という印象を与える描き方だった。

なお、実際にどのタイミングで水を飲んでいたのかは、犬飼淳氏が左記の記事で検証し図解している。

●【NHKの真っ赤な嘘】2019年3月1日小川淳也議員による根本厚労相不信任決議案趣旨弁明を伝えるニュースウォッチ9（犬飼淳note 2019年3月5日）

これによれば、**演説の後半に5回、水を飲んでいる。**1時間48分の間に5回にわたって水を飲むことは、犬飼氏も指摘するように、不自然なことではない。水差しが用意されている以上、無礼なことでもない。大島議長も、水を飲む行為に対して注意したわけではない。むしろ、演説の途中に割り込むことを避け、水を飲むタイミングで発言したものと考えられる。

第三に、苦笑いしつつ原稿を振りかざした小川議員の様子に**「趣旨弁明は、2時間近くに及びました」とアナウンス**をかぶせ、うんざりした様子の自民党の橋本岳議員の姿を映し出した場面は、いたずらに時間をつぶしてヘラヘラと小川議員が笑っているかのような印象を与えるものだった。

実際には原稿を振りかざした場面は、(27)の結論に至る直前だ（国会ＰＶ映像：1時間42分～）。本当はまだ、あと４割ほども語り残した原稿があった（※先述したように小川議員が自身のブログで公開している）。しかし、無念の思いでそれを読み上げるのを諦めた、その苦笑いを捉えたものだった。この場面は、実際は、こういう場面だった。

●**小川淳也議員**　本来、ここで（と、苦笑いしつつ原稿を振りかざす）。……まだまだ原稿がありました。

●**大島理森衆議院議長**　不規則発言に答えず、進行してください。

●**小川淳也議員**　本来ここで、根本厚生労働大臣が所管する社会保障改革の、その大切さと、そしてその難しさと、そしてその背景にある日本の人口動態の激変と、そしてその背景にある、世界的な経済社会環境の変化と、これについて最後に議論し、党派を超えて、党派を超えて、皆様の理解を求めたいと思っていました。しかしながら、諸般の情勢を私なりにしっかりとわきまえ、最後の結論に至りたいと思います。

無駄に時間を費やしつつ、ヘラヘラと笑っているかに見える小川議員の表情は、実際は、

1時間半を超える演説で疲労困憊しつつ、まだ語りたい内容を無念の思いで断念した、その表情だった。

第四に、自民党の丹羽議員による「このたび野党諸君が提出した決議案は、まったくもって理不尽な、反対のための反対。ただの審議引き延ばしのパフォーマンスであります」との発言は、**小川議員自身の発言が一言も紹介されていなかったため、説得力を持つもののように紹介されていた。**

適切に小川議員の演説の要点をNHKが紹介していれば、この**丹羽議員の発言こそが、「まったくもって理不尽な」、小川議員の指摘に対する「反対のための反対」であり、小川議員の指摘が当たらないかのように印象づけるための「パフォーマンス」であったことが、**視聴者に理解されただろう。しかし、そのようには紹介されなかった。

第五に、自民党の丹羽議員による「国民の誰ひとりとして、このような無駄な時間の浪費を望んでいないことに、どうして気がつかないのでしょうか」という発言。筆者はこれを、野党議員を支持する国民を排除する発言と受け止めたが、**NHKは「誰ひとりとして」という排除的な発言を、もっともな指摘であるかのように紹介**した。

第六に、小川議員の趣旨弁明演説の前に**根本厚生労働大臣の、余裕の笑顔のような表情**

を映し出し、最後にも根本大臣の発言を紹介することによって、小川議員の趣旨弁明演説はなんら根本大臣に「刺さる」ものではなかった、という印象を視聴者に与えた。

実際には小川議員は、いたずらに時間をつぶして採決を引き延ばしていたわけではない。いかに統計への政治介入の問題が深刻な問題であるか、いかに人事権を全権掌握した安倍政権が官僚に真実を隠させ、組織のモラルを崩壊させているかを、真摯に説き、モラルの立て直しと、社会の立て直しに向けて、みずからの決意を述べたものであった。

なぜ総理秘書官が統計手法の変更に関与してはならないのか。小川議員はこう語っていた。

●小川淳也議員　森友、加計問題における柳瀬秘書官、そしておそらく現在彼ら全てを統括しているであろう今井政務秘書官、**こうした官邸、総理まわりの人物は、すべて法的な職務権限を持たない人たちばかりです。**

しかし実際に、その権力と影響力は、絶大です。その職責はひとえに総理を補佐することにあるにもかかわらず、霞が関に向かっては、総理の威を笠に着て、事実上、絶大な権力を行使しているのです。

この国の民主主義、法治国家の基本原則は、すべての権力が国民の信託に由来するところから始まります。同時に、全ての権限は、国民の信託に由来する国会において認められた法律に基づき、具体的な職務権限として規定され、行使されています。同時に、この法律に基づく職務権限は、それに対する説明責任と、結果責任を、セットとして併せ持っています。

つまり、**権限には責任が伴い、責任のないところには権限はなく、責任なくして権限なし、権限なくして責任なし。これが原則であり、当たり前のことです。**


毎月勤労統計の調査手法が官邸の介入により不透明な形で変更され、前年からの実際の賃金の変化の動向が把握できない状況のままに予算案が可決されようとしていることに対しては、小川議員は、こう語っていた。

●小川淳也議員 根本大臣、**賃金は与党の議員も言う通り、バーチャルで上がっても何の意味もありません。**数値だけ上乗せされても、国民生活は全く改善しないのです。

一刻も早く、統計委員会が重視をし、連続性の観点からも景況判断の決め手となる、サンプル入れ替え前の継続事業所の賃金動向、すなわち「参考値」をベースとした実質賃金の水準を明らかにすることを、求めるものであります。

これらの小川議員の指摘は、自民党の丹羽議員が言うように、「まったくもって理不尽な、反対のための反対」だろうか？　ＮＨＫのニュース制作者は、この小川議員の指摘を聞きながら、丹羽議員が言うように、小川議員の演説が、「まったくもって理不尽な、反対のための反対」だと受け止め、その丹羽議員の指摘を報じたのだろうか？　そうではなく、**それぞれの主張を公平・公正に並べたのだというのなら、小川議員の指摘の要点をなぜ紹介しなかったのか。**

このようなＮＨＫの報じ方には、ツイッター上では批判の言葉があふれた。しかし、**ＮＨＫだけを見ている人には、このＮＨＫの切り取り編集の悪質さは伝わらないだろう。**野党議員が国会質疑の時間を無駄に浪費している、そのように受け止めただろう。

そう考えると、なんとも言い難い思いに駆られる。しかし、**そうやって政治にうんざり**

して関心を失うことこそが、政府・与党がねらっていることなのだろう。

だから、小川議員がこの趣旨弁明演説で指摘した2つのことを、心にとどめておきたいと思う。

一つは、**最大の闘いの対象は、国民の諦めだ**、という指摘だ。

●小川淳也議員　しかし、一連の不正統計に対する国会審議を通して、私ども野党議員に対して、多くの激励や励ましをいただくことを通して、国民は正直な政治を求めている、国民に真に寄り添う政治を求めている、そのことを強く確信したのです。本当にありがたいことでした。

最大の闘いの対象は、実は安倍政権でもなければ、自民党でもない。私自身を含め、**真に闘うべき対象は、この国民の諦めなのではないか**。

国民とともにこの諦めと闘うために、まずは私たち自身が確固たる意志を持って、自らを励まし、自らの絶望や諦めと敢然と闘い続け、そして常に国民とともにある、その姿勢を示し続けなければなりません。

今の政治状況に対して、**政治家が諦めないこと。そして国民が諦めないこと。**国民が諦めずに政治家を励まし、まともな政治を求め続ける。そして政治家が諦めずに自らを励まし、敢然と闘い続ける。その循環を維持し発展させていくこと。それが大事だ。

もう一つは、**国民と政治家の相互の信頼を取り戻すことが課題である、**という指摘だ。

●小川淳也議員　小手先の改革ではどうにもならない構造問題が、この国の未来には横たわっています。

そして、わたしたちが真に国民の負託に応えるために、血みどろになる覚悟でその課題に向き合うために、**私たちに求められるのは、国民に対する信頼であります。政治家が国民に信用されていない。しかし、政治家もまた、国民を信用しきれてない。**この狭間を、この隙間を埋めなければ、小手先でない正しい改革は、成し遂げられません。

「このたび野党諸君が提出した決議案は、まったくもって理不尽な、反対のための反対。ただの審議引き延ばしのパフォーマンスであります」と語った自民党の丹羽議員は、本心からそう思っていたわけではないだろう。そう国会で語り、それをＮＨＫに報じさせることによって、「野党はパフォーマンスばかり」と国民に思わせる、そのために意図的にそう語ったのだろう。
そこには国民に対する信頼など、ない。それに対し、小川議員は、政治家に対する国民の信頼を取り戻すことと、政治家が国民を信頼すること、その双方の課題を成し遂げなければならないと指摘している。それは簡単なことではない。しかし、目指すべきことだ。

「バランス」を取った報道の危うさ

2019年7月、参院選に向けた特集報道が始まっていた。朝日新聞は、「問う 2019参院選」との連載記事の第1回を、7月7日（日）朝刊の1面で報じていた。「『嘲笑する政治』続けるのか」という見出しには、「そうだ、よく踏み込んでくれた」との思いを抱いた。しかし、左記の一言が、記事全体の論調を大きく棄損していた。

――「笑われる野党にも責任がある」

この記事は、当時の署名によれば**政治部長・松田京平**によるものだ。

●（問う　2019参院選：1）『嘲笑する政治』続けるのか　政治部次長・松田京平（2019年7月7日紙面記事）

●「嘲笑する政治が生んだ差別、同調圧力　安倍政権の6年半」（2019年7月6日電子版）

文脈はこうだ。

最初に「笑いは人間関係の潤滑油だ。ただし、他人を見下す笑いとなれば話は違う」と、問題意識が提示される。

第二段落では、安倍晋三首相（当時）は民主党政権を「悪夢」とする発言を自民党の会合で繰り返していることが語られ、「笑いや拍手は確かに起きた。それは、さげすみの笑いだった」と記されている。

第三段落では、安倍首相が2019年6月の記者会見で、「再びあの混迷の時代へと逆戻りするのか」を参院選の「最大の争点」としたことが紹介されている。

その上で第四段落では、みずからの問題意識がこう語られている。

〝民主党政権の失敗と比較して野党を揶揄(やゆ)、こき下ろす。身内で固まってあざ笑う――。自分が相手より上位にあり、見下し、排除する意識がにじむ。首相も支える官邸スタッフも代わらず、国会では野党を圧倒する議席に支えられた強固な権力基盤の中で、**「嘲笑する政治」が6年半、まかり通ってきたのではないか。**〟

この問題意識には、私は全く異論はない。適切なタイミングで、よく踏み込んで書いてくれたと思う。それだけに、「笑われる野党にも責任がある」との表現がそれに続くのは、残念でならない。

〝**笑われる野党にも責任がある。**ただでさえ小口化したのに、いまだに主導権争いと離合集散を繰り返している。民主党政権の中枢にいた一部政治家に至っては、無節操に自民党の門をたたいている。

有権者の選択は、相対的な評価によるものだ。本気で闘う気のない政党や政治家は、受け皿になりようがない。世論調査で内閣を支持する理由の最多が「他よりよさそう」で固定化する理由が、ここにある。〟

ここでの「笑われる」とは、文脈からして、「嘲笑される」の意味だ。「嘲笑される側にも責任がある」——そう語ることの不適切さは、改めて指摘するまでもないだろう。**「いじめられる側にも責任がある」と語っていることと同じ**だからだ。

なぜ、そんな表現がここで使われたのか。

一つの有力な推測は、「嘲笑する政治」への批判記事の中で、**「バランス」を取ろうとした**、というものだ。もしくは、政権側への一定の配慮がないと、朝日新聞への政権側の圧力がさらに強まる、という懸念からの忖度（そんたく）だろうか。

しかし、署名つきのオピニオン記事なのだ。朝日新聞として、批判すべきは堂々と批判すべきだ。この記事は、**「このまま『嘲笑の政治』が続くなら、民主主義は機能しない」**と結ばれている。その論調を貫くべきだ。

野党に対して、言いたいことがあるなら、それは別の回で言えばよい（※）。「嘲笑する政治」への批判の中で、嘲笑される側にも責任があるかのような書き方は、きわめて不適切だ。それは野党を不当に貶めるものだ。

確かに政治報道への政権の圧力は強いのだろう。それは、朝日新聞の政治部記者の、南彰氏（本稿執筆時は、新聞労連の中央執行委員長）による『報道事変　なぜこの国では自由に質問できなくなったか』（朝日新書、２０１９年）からも、うかがわれる。

しかし、だからといって、「バランス」を取るためにと、野党を不当に貶めてはいけない。政治を扱ったテレビ番組の中でも、「野党もだらしない」などと、「バランス」を取るかのコメントが挟まれることもあるが、**予算委員会を開かない、受け取るべき報告書を受け取らず、出すべき報告書の公表を引き延ばす、呼ぶべき参考人を呼ばない、合意なく職権により委員会を強引に開催し採決する、そんなふうに政治のあり方をゆがめているのは政府与党だ。「だらしない」のは、野党ではなく、むしろ政府与党だ。**

この頃、自民党本部が所属国会議員に対して『フェイク情報が蝕(むしば)むニッポン　トンデモ野党とメディアの非常識』と題した誹謗中傷に満ちた冊子を配布したことが問題になった。

●〈参院選　くらしデモクラシー〉自民、物議醸す　演説参考資料（東京新聞　2019年6月28日）

ＴＢＳテレビの「ＮＥＷＳ23」は、２０１９年7月3日の党首討論で小川彩佳キャスターがその冊子を紹介し、アンカーの星浩氏が「総理、これ、国会議員に20部ずつ、配られている。ご覧になったことは、ありますか」と問うた。

それに対し、安倍首相は、「まあ、党本部ですね、いろんな冊子を配ってますが、私、いちいちそれは、見ておりませんので、まったく知らないんですが、（野党が）無責任だということでは、無責任だと思いますよ。例えば立憲民主党と言いながらですね……」と、自衛隊に対する見解が異なる立憲民主党と日本共産党が組むことへの疑問へと、話を強引にそらした。

それに対し、その冊子で憤激した犬のような似顔絵で描かれた志位和夫・日本共産党委員長は、

「人格を貶めるようなものを平気で作る。そして、出しているところは、テラスプレスっていうんですか？　出所不明ですよ。ね、安倍さんね、出所不明の文書を、自民党の本部として国会議員に配るんですか？　これはね、これ一点をとってもね、選挙を本当にまじめにやる資格がないって言われてもしょうがないですよ」

と、批判した。しかしなお安倍首相は、

「先ほど申し上げましたように、私、読んでないですから。反論のしようがないんです。そんな似顔絵よりも、中身について……」

と、また話を強引にそらした。

ハフポスト日本版がこの冊子を取り上げたのは２０１９年６月25日だ。その記事（「自

民党本部が国会議員に配った謎の冊子が波紋。『演説や説明会用に渡された』と議員事務所」）に書かれているように、自民党本部は、ハフポスト日本版の取材に対し、党本部から国会議員へ送付したことを認めている。

自民党本部が国会議員に配布し、その内容が問題になっている冊子について、**自民党総裁である安倍首相が7月3日になっても「見ておりません」「まったく知らない」「読んでないんですから。反論のしようがないんです」と言い逃れるのは、あまりにも無責任**だ。

その無責任さを浮き彫りにした**TBS「NEWS23」**の功績は大きい。さらにＴＢＳは、そのときの番組でのやり取りを、ＴＢＳのホームページで動画で公開していた。有権者が知るべき情報を番組終了後にも提供した、その姿勢を評価したい。

この「ＮＥＷＳ23」でのやり取りについて、**朝日新聞**は事実関係を淡々と報じている。7月3日の朝日新聞デジタルの有料記事「首相『いちいち見ていない』自民配布『演説用資料』に」では、この冊子をめぐる安倍首相と志位和夫・日本共産党委員長、玉木雄一郎・国民民主党代表、松井一郎・日本維新の会代表の番組でのコメントをそれぞれ伝えている。

しかし、7月4日の紙面掲載記事「野党批判の冊子、首相『見てない』」では、「党本部がいろんな冊子を配っているが、いちいち見ていない」との安倍首相の発言を伝えているだけで、志位委員長や玉木代表、松井代表のコメントは省略されており、**デジタル版記事よりも問題が見えにくい記事となっている。**

毎日新聞（電子版）はハフポスト日本版や東京新聞よりも早い6月22日の時点で「沖縄地元紙を『偏向』…自民が運営元不詳の冊子を議員配布『説得力ある内容』／沖縄」との琉球新報の記事の転載で、この冊子の問題を報じ始めた。

6月29日には**毎日新聞**（電子版）の**大場伸也／統合デジタル取材センター**が、「自民党本部が国会議員に配った冊子に物議『まるでネトウヨ』首相を礼賛、他党やメディア徹底非難」との詳しい記事を出し、五十嵐仁・法政大名誉教授とジャーナリストの江川紹子氏のコメントを掲載している。二人の識者はいずれも冊子について批判的な見解を表明している。この記事では**「賛否」を識者のコメントして並べて「バランス」を取るようなことは、していない。**

そして7月4日の**毎日新聞**（電子版）「自民の野党批判冊子　首相『見てない』野党は抗議『大人げない』」では、朝日新聞デジタルの7月3日の記事と同様に、ＴＢＳテレビ「ＮＥＷＳ23」での冊子をめぐるやり取りを、枝野代表・志位委員長・玉木代表・松井代表の4名の番組中の批判コメントに触れる形で報じている。
このように比較していくと、**朝日新聞の立ち位置に危うさ**を感じる。
野党を不当に嘲笑することによって、権力を維持しようとする。そういう傾向が参院選に向けた選挙運動の中でも、強まろうとしていた。その傾向に対し、**事実と正当な批判によって「否」を突き付け、論点が適切に議論される環境を整えることこそ、新聞報道のあるべき役割**だろう。政権与党による野党への中傷に、朝日新聞が加担するようなことは、あってはならない。朝日新聞には、筋を通した報道を堅持していただきたい。

〈※なお、この記事を執筆した松田京平・政治部次長（当時）は、２０１７年10月25日には、衆院選の結果を受けたオピニオン記事「（問う　選択のあとで：上）無競争、政党政治の危機」において、民進党と希望の党をめぐる混迷した事態の顛末を振り返りつつ、こう記していた。

〝安倍政権の5年間に不満や疑問を持つ国民は多い。強い野党が出現し、緊張感のある国会論戦によって、政権をチェックし、暴走を止める。その実績を積み重ねてこそ、幻想が現実へと変わり、「次の政権」の選択肢たりうる。議席を伸ばした立憲民主党も、すぐに自民党に代わる政権政党になれるわけではないし、すぐにめざすべきでもない。
まして野党が政権を助ける補完勢力に堕すのなら、先はない。かつて第三極を標榜した政党が、ことごとく政権に近づいては瓦解した。維新が議席を減らし、希望が苦戦したのは、有権者がそうしたにおいをかぎとったからではないか。〟

私もその見解に同意する。性急に「まとまる」ことをめざすことは、かえって混乱をもたらしかねない。その中で野党４党１会派と市民連合は、２０１９年５月29日に政策協定調印式に臨み、政策についての合意形成と参議院１人区での候補者の一本化を進めてきた（市民連合ウェブサイト）。

地道な形で、野党４党１会派の合意形成は進んできている。そのことにこそ報道は、目を向けていただきたい〉

誤認を誘う加藤勝信官房長官の答弁手法

加藤勝信氏が2020年9月16日に**菅義偉政権の官房長官**に就任した。加藤官房長官の記者会見対応は、菅義偉官房長官時代とは様相が異なっている。「ご指摘は当たらない」「まったく問題ない」といった菅前官房長官の対応に比べ、加藤官房長官は一見したところ丁寧な対応に努めているように見える。しかし、記者会見に臨む記者の方々には、いいように丸め込まれないでほしい。

筆者は2018年の働き方改革関連法案の国会審議における加藤勝信厚生労働大臣（当時）の答弁ぶりを追い、国会パブリックビューイングや著書『国会をみよう　国会パブリックビューイングの試み』（集英社クリエイティブ、2020年）でその内容を分析してきた。その経験を踏まえ、さらに官房長官としての対応ぶりも検証しながら、「傾向と対策」をここに整理しておきたい。

1・柔らかな語り口と相手の意に寄り添って見せる姿勢

加藤氏の語り口は柔らかだ。菅氏のようにコミュニケーションを拒絶する姿勢は示さないし、麻生太郎氏のように「そんなことも知らないの？」とマウントを取りに行くわけでもない。安倍晋三氏のように「早く質問しろよ」といったヤジを飛ばすわけでもない。そのため、**一見したところ、丁寧な対応を行う誠実な人柄に見える。しかし、実際に記者が知りたいことに答える姿勢を見せているか、記者の、そして国民の「知る権利」に誠実に答えようとしているか**、そこを見極めていただきたい。

官房長官としての最初の会見となった２０２０年９月17日午前の記者会見で、加藤氏は「官僚のご出身で、答弁などが役人気質だという評もあります」と朝日新聞の記者が指摘した際、「んふふ」と声を出しながら、柔らかな笑みを見せた（首相官邸ウェブサイト内閣官房長官記者会見映像、６：41より）。その瞬間、一斉にカメラのフラッシュが焚かれている。菅氏であれば、不愉快な表情を見せてもおかしくない場面だが、表情を見られていることが加藤氏には意識されており、感情がコントロールされていることがうかがわれる。

記者の質問の意図は、論点をずらして答えないとの指摘をどう受け止めるか、というものだっただろう。その意を酌む形で、加藤氏は、双方向のコミュニケーションを大切にするかのような答弁を次のように行っている。

「私自身は先ほど申し上げたように、一番大事なことは、**国民の目線に立っ**た行政、政治が行われているのかということと、また、この場を使って、政府が、私どもが、何をどう考えているのかということを**しっかりコミュニケートしていく、このことが非常に大事**だというふうに思っていますので、**そういったことにも意を尽くしていきたい**と思いますし、また、昨日申し上げましたけど、この会見の場は、私だけが一方的にしゃべる、ま、場合もありますけれど、**基本的にはやり取りでありますから、**そういった意味では、今日の**皆さんと一緒になって**ですね、この会見というものを、先ほど申し上げた、**国民の皆さんへ、**政府の考え方等、まあ、理解というのはいろんな形がある、批判もあると思いますが、そういった形で、**機能できるものにしていきたい**と思います」

この答弁を見ると、菅氏とは官房長官として記者会見に臨む姿勢が全く違うように見える。「基本的にはやり取りでありますから」というところでは、両手を交互に動かして「やり取り」と示しており、双方向のコミュニケーションを大切にしたいという気持ちをジェスチャーも交えながら示している。

しかし文字に起こしてその内容を子細に検討すると、実際に語っていることは「この場を使って、**政府が、私どもが、何をどう考えているのか**ということをしっかりコミュニケートしていく、このことが非常に大事だというふうに思っています」であり、これは実は記者会見の場を**「政府の立場や見解を正確に発信する貴重な機会」**と捉えてきた菅義偉氏の見解（9月14日午前、最後の記者会見映像、2:37より）となんら変わるものではない。

期待を持って聞けば、「私だけが一方的にしゃべる」場ではなく、「基本的にはやり取り」の場であるので、「皆さんと一緒になって」「しっかりとコミュニケートしていく」と聞こえる。そのように聞き取られることが意図されていると考えた方がいい。**人は聞きたいように聞き、読みたいように読んでしまうものであり、その特性が利用されている**わけだ。「働き方改革」とか「一億総活躍社会」とか「女性活躍推進」とか、期待を抱かせるキャッチフレーズを安倍政権が好んで使ってきたのも、人間のそのような特性を織り込んでのことだった。

実際には、「答弁などが役人気質」であると記者が指摘した際に問いたかったであろう**「聞かれたことに適切に答えない」という問題は、加藤氏のこの答弁では巧妙にスルーさ**

れている。

この朝日新聞の記者は、「こうした評については、気にされますか。また、そうした評は当たらないと思われますか」と、比較的自由な回答ができる形式で尋ねている。自由に答えさせてその答えを詳しく分析してみせるならよいが、そうでなく答弁を要約して示すなら「この会見の場は基本的にはやり取りの場であるので、しっかりとコミュニケートしていきたい」といった形でまとめられてしまいかねない。

筆者であればここは、「官房長官は官僚のご出身で、答弁の際に論点をずらして答えるのが得意だという評もあります。**今後、この記者会見の場では、われわれ記者の質問に対し、論点をずらさず、的確かつ誠実に答えていただけますか。**これは国民の知る権利にとっても大事な問題です」のように聞いていただきたかった。

誠実な官房長官であれば、「そのように努めたいと思っています」などと答えるだろう。加藤氏なら、どう答えるだろうか。記者会見の機会は毎日あるので、ぜひ聞いてみていただきたい。

2・極端な仮定を置いてそれを否定して見せる

極端な仮定を置いてそれを否定してみせ、あたかも相手の指摘や疑問は当たらないかのように答える。この手法は加藤氏に限らず、話をごまかしたいときによく使われる手法だ。

２０２０年9月17日午前の記者会見で、加藤氏が「この会見の場は、**私だけが一方的にしゃべる、**ま、場合もありますけれど、基本的にはやり取りでありますから」と語ったところが、それに当たる。「私だけが一方的にしゃべる」、そういうやり方を取るつもりはなく、「やり取り」を重視する、と聞こえる言い方だが、よく考えると「私だけが一方的にしゃべる」ということは、記者の質問の機会を認めている以上、そもそもあり得ない。なのに、「加藤官房長官は、一方的にしゃべるつもりはないようだ」という印象を与える。そういう印象を与えることが、**意図的にねらわれている**のだ。

国会パブリックビューイングの番組「【街頭上映用日本語字幕版】国会パブリックビューイング　第2話　働き方改革─ご飯論法編─（音質改良版）」（ＹｏｕＴｕｂｅ）で国会審議映像を参照しながら紹介したように、働き方改革関連法案の国会審議においても、加藤氏（当時は厚生労働大臣）は同様の手法を使っている。

この動画の12分2分から字幕つきで示したように、２０１８年3月5日の参議院予算委員会で、**石橋通宏**議員は、野村不動産において裁量労働制の違法適用があり、その対象となっていた労働者の方が過労自殺をして労災認定されていたことを紹介し、「加藤大臣は、もちろん知っておられたんでしょうね」と尋ねた。それに対する加藤氏の答弁はこういうものだった。

「**それぞれ**労災で亡くなった方の状況について、**逐一**私のところに報告が上がってくるわけではございませんので、**ひとつひとつについて、そのタイミングで**知っていたのかと言われれば、**承知をしておりません**」

これに対し、石橋議員は「知っておられなかったと、この事案」と受け止めていた。

このように文字起こしをしてみれば、加藤氏のごまかしの手法は明白だ。一つ一つの労災事案について、逐一報告が上がってくるかと言えばそうではないので、一つ一つの事案をそのタイミング（どのタイミングだ？）で把握しているかと言えばそうではない、というのがここでの加藤氏の答弁の真の意味であり、野村不動産の件については、実は何も答えていない。何も答えていないのだが、あたかも知らなかったかのように聞こえる。「承知をしておりません」と答えているからだ。

「ひとつひとつについて、そのタイミングで知っていたのかと言われれば」と加藤氏は語っているが、本当は**石橋議員は、そんなことは聞いていない。野村不動産の件を聞いているのだ。なのに、そう問われているかのように勝手に論点をずらした上で、極端な仮定を置いてそれを否定してみせている。後述の「ご飯論法」との合わせ技**だ。

他に、極端な仮定を置いてそれを否定してみせることによって、相手の指摘が当たらないかのように答えてみせる例としては、「**個人的に会ったことはない**（仕事の場や社交の場で会った可能性は否定されていない）」「**一対一で会ったことはない**（秘書などと一緒に会った可能性は否定されていない）」などがある。

「**すべて……**」「**ひとつも……**」「**全く……**」「**一つ一つについて……**」「**……だけ**」「**一切……**」などの言葉は、指摘は当たらないと主張してみせる場合に使われる。要注意だ。

3・不都合な事実を隠す「ご飯論法」

意図的な論点ずらしの答弁手法である「**ご飯論法**」については、安倍政権が終わり菅政権が始まるこのタイミングで改めて話題になり、かなり認知が広がってきた。

加藤氏の巧妙な論点ずらしの答弁を広く認知してもらいたくて、筆者が「朝ごはんは食べなかったんですか？」「ご飯は食べませんでした（パンは食べましたが、それは黙っておきます)」という譬えをツイッターに投稿したのは2018年5月6日。実際のどのような答弁がそれに当たるかをWEB記事に記したのは翌日5月7日。その5月7日の記事を目にしたブロガーの紙屋高雪氏がそれを「ご飯論法」として同日にツイートで言及した。

「朝ごはん」は食べたかと問われているのに「ご飯(白米)は食べていない」と**勝手に論点をずらして答える**のが「ご飯論法」なのだが、なぜそうするのかと言えば、**不都合な事実を答えずに済ませたいから**だ。ここで言う不都合な事実とは、「パンを食べた」だ。「何も食べなかったんだな」と相手に思わせることができれば、それ以上の追及を受けずに済む。だから、嘘をつかずに、相手に逆の認識(=何も食べなかった)を与えようとするのだ。

このようなご飯論法は安倍晋三前首相や安倍政権の閣僚たちも多用してきたが、その多くはご飯論法を駆使して書かれた答弁書を棒読みしていたものと考えられる。それに対して、**加藤氏はご飯論法をアドリブで駆使できる。**それだけ頭が切れる。記者には侮れない相手だ。

働き方改革関連法案の国会審議が行われていた2018年1月31日の参議院予算委員会において、加藤氏(当時は厚生労働大臣)は、浜野喜史議員(国民民主党)の質疑に対して、アドリブでご飯論法を披露してみせた。

●映像で確認する『ご飯論法』（初級編）。高プロが労働者のニーズに基づくという偽装を維持した詐術――上西充子（ハーバー・ビジネス・オンライン　2019年1月4日）

労働時間の規制緩和策である裁量労働制の適用拡大と高度プロフェッショナル制度の導入という二つの法改正について、労働者側からの要請があったのかと問うた浜野議員に対し、加藤厚生労働大臣（当時）は自分でそのようなニーズを聞き取ったかのような答弁をおこなった。それに対し、そういう意見があったという記録は残っているのかと浜野議員が問うと、加藤氏はこう答えた。

「いま、私がそうしたところへ、向か……あの、企業等を訪問したなかでお聞かせいただいた、そうした意見、あの、声でございます」

記録が残っているか否かを答えていない。言い淀んでいるところにも注目していただきたい。**言い淀んでいるのは、不都合な言質を取られないように、うまく言い繕えるよう、頭を働かせながら答えているから**だ。

浜野議員はもう一度、端的に問うている。「**その記録はですね、残っているんでしょうか**」と。加藤氏は、あたかも記録はないと聞こえる答弁を行う。

「そこでは、その思うところを自由に言ってほしいということでお聞かせいただいたお話でございますから、**記録を残す、あるいは公表するということを前提にお話をされたものではございません**」

記録はないと聞こえる答弁だが、記録があると答えたか、ないと答えたか、と注意深く聞いていれば、**記録の有無には言及していない**ことがわかる。こういう時に大事なのは、**更問い**（重ね聞き）だ。浜野議員は再度、問う。「私は厚労大臣を疑うわけじゃありませんけれども、**記録ないわけですね。もう一度、確認させてください**」と。さて、加藤氏は何と答えたか。

「公表するという意味でお聞かせをいただいたわけではありませんが、ただ、やはりそういった、フランクな話を聞かせていただくということは、私は大事なことではないかと思います」

話をそらしていることがわかるだろう。先ほどは「記録を残す、あるいは公表するということを前提にお話をされたものではございません」と、「記録」という言葉を使いながら、記録はないと思わせる答弁を行ったわけだが、更問いをされたことによって、「記録」に言及するとボロが出ると思い、話をそらしたものと思われる。

これに対し、浜野議員は、「そういうふうにおっしゃいましたけれども、**記録はないということでございました**」と返した。**実際にはその後、記録を出せ、という話になり、記録らしきものが出され、その記録の瑕疵（かし）があらわになっていく**のだが、その点は前掲の記事をご確認いただきたい。

このように加藤氏は、不都合な問題があるときには、聞かれたことに誠実に答えず、往々にして論点をずらす。そのことを念頭に置いて答弁を聞き、「**今のは、論点をずらしたお答えでしたが……」と、ぜひその場で、更問いをしていただきたい**。

２０１９年９月17日に始まった加藤官房長官の記者会見は、「**きょうのご飯論法**」を日替わりで披露するかのような展開になっている。９月17日午前には桜を見る会の検証について北海道新聞の石井努記者に問われ、中止を菅首相が決めたのだからあり方の検討を今後行う必要はないとの認識を示した（記者会見映像、9：31より）。

菅義偉氏は官房長官であった2019年11月20日に衆議院内閣委員会において、「こうした運用は大いに反省をして」「全般的な見直しをおこなう」という姿勢を示し、「しっかり検討する時間が必要ということで、来年の開催は中止すべき、これは総理のご判断であります」と答弁していたのに、加藤官房長官は、「**しっかりとした反省と検討のために時間が必要だからいったん中止する**」**という説明から**「**来年以降も中止することに決めたのだから検討を行う必要はない**」**という説明へと、論理を逆転させた**のである。

●疑惑の「桜を見る会」の見直し→中断に「論理の逆転」との指摘も――瀬谷健介（Buzz Feed Japan、2020年9月19日）

さらにその翌日の9月18日午後の1回目の記者会見では、ジャパンライフの元会長の逮捕の報を受けて、**東京新聞の村上一樹記者が**「**山口会長が首相の推薦であるかどうかなど、**この事についてですね、例えば今、書類が保存されていない、名簿が保存されていないいって話がありましたけれども、**当時の職員から聞き取ることなどはできると思います。そういった再調査、真相究明を、改めて進めるお考えは、いかがでしょうか**」と問うた（記者会見映像、8：01より）。

これに対し、加藤官房長官は、

「あの、それも、今、私も説明させていただいたと思いますけれども、**当時の、職員に聞いたり、**あるいは文書、あるいは様々な、パソコン上の、データというのでしょうか、そういったものについても、**幾度となく、ご質問を頂き、調査をしてる中で、**こうした答えをさして、**現在のところ、そうしたものは、残されていない**ということを申し上げてきているわけでありますから。**この間、十分な、そうした調査はおこなっている、**というふうに、思っております。また、内容については、国会や、こうした場で、幾度となくご説明をさしていただいている、というふうに思います」

と答えている。これも巧妙なご飯論法だ。

村上記者は、名簿が保存されてなくても、**当時の職員から改めて話を聞く**ことによって、山口会長が安倍前首相の推薦であるかどうかの再調査はできるはずであり、**そのような真相究明をおこなう考え方はあるか**、と尋ねている。にもかかわらず、加藤官房長官は、当時の職員には既に聞いたし、データも調べたが、現在のところ、そうしたものは残されていない、と、**名簿等の記録の有無について聞き取り調査を行ったという話にすり替えて答えている。**

村上記者の「**そういった再調査**」とは、「(名簿の有無ではなく)山口会長が首相の推薦であるかどうか」を「**(新たに)当時の職員から聞き取ること**」を指しているのに、加藤官房長官が言う「そうした調査はおこなっている」というときの「**そうした調査**」とは、**名簿などの記録の有無に関して既に実施済みの当時の職員への聞き取り調査**へと、意味がずらされているのだ。

この場面のご飯論法は、国会ウォッチャーがツイッターで指摘している。

このように、加藤官房長官の記者会見で**ご飯論法が披露されたときには、それを一つ一つ記録して共有していく市民運動**もできそうだ。筆者は、「**#きょうのご飯論法**」というハッシュタグを用意してみた。

4・誤認を誘う指示代名詞

前出の例でも「**そうした調査**」という表現で話をすり替えていた加藤氏だが、このように**指示代名詞を巧みに使って誤認を誘うのも**、加藤氏が多用する手法だ。

文字ではなく耳だけで聞いているときに「この」「その」「こうした」「そうした」といった指示代名詞を聞くと、聞く側は文脈に即してその言葉を聞く。誠実なコミュニケーションが行われている中では、それは当たり前のことだ。けれども、加藤氏はそれを悪用する。

本項で紹介してきた他の実例の中でもそれは確認できる。Ｐ１９２に示した２０２０年９月17日午前の記者会見における「この会見というものを……**そういった形で、**機能できるものにしていきたいと思います」というのもそうだ。文脈的には、双方向のコミュニケーションを大事にすることによって、この記者会見を機能させたい、という意思表明のように聞こえる。けれども文字起こしして読むと、「そういった形」とは何を指すのか、実は判然としない。

はっきりと語っていることは、「この場を使って、**政府が、私どもが、何をどう考えているのか**ということをしっかりコミュニケートしていく」ということだけであるので、「そういった形」とは、実は「双方向のコミュニケーションを大事にする」ということではなく、「政府が何をどう考えているかをしっかりコミュニケート（＝伝える）していく」ことでしかないようだ。

Ｐ１９５で示した石橋議員に対する２０１８年3月5日の国会答弁もそうだ。「そのタイミングで」と語ることにより、あたかも野村不動産の過労自殺が労災認定されたタイミングで、と聞き手に思わせるが、実は「そのタイミング」とはどのタイミングなのか、その指示語の前にある表現を受けた「その」ではない。

さらにＰ１９８で紹介した２０１８年1月31日参議院予算委員会での浜野喜史議員に対する国会答弁でも、加藤氏は「その方」「そうした働き方」といった表現を巧みに用いている。

「また、高度で専門的な職種、これはまだ制度ございませんけれども、私もいろいろお話を聞く中で、**その方**は、自分はプロフェッショナルとして自分のペースで仕事をしていきたいんだと、**そういった**是非働き方をつくってほしいと、こういう御要望をいただきました。

例えば、研究職の中には、1日4時間から5時間の研究を10日間やるよりは、例えば2日間集中した方が非常に効率的にものが取り組める、こういった声を把握していたところでありまして、そうしたまさに働く方、そうした自分の状況に応じて、あるいは自分のやり方で働きたい、こういったことに対応する意味において、これ全員にこの働き方を強制するわけではなくて、そういう希望をする方に**そうした働き方**ができる、まさに多様な働き方が選択できる、こういうことで今、議論を進めているところであります」

これを聞くと、あたかも高度プロフェッショナル制度の導入を労働者がみずから望んでおり、その声を自分は直接聞き取ったかのような答弁をしていたわけだが、文字起こししてよくよく検討すれば、**「その方」とは誰を指すのか、判然としない。**指示代名詞とはその前に出てきたものを指すものであるにもかかわらず、「その方」に当たるものはなく、**「その方」という言い方が突然、出てくる**のだ。

聞いている方は、**次に「例えば」として示された「研究職」の方が「その方」であるかのように文脈上、想定しながら聞くことになるが、そうすると加藤氏の詐術にはまってしまうわけだ。**このときの「その方」という指示代名詞を使った詐術については、犬飼淳氏が左記の記事でグラフィックを使いながらわかりやすく解説しているので、ぜひご参照いただきたい。

●「【こそあど論法】加藤厚労大臣　２０１8年1月31日参議院予算委員会」（犬飼淳ｎｏｔ

e　2018年6月15日）

こうやって分析していくと、難癖をつけているように感じる人もいるだろう。しかし、加藤氏は意図的にこのようなすり替えを行っている。そのことは、研究職の方に自分で話を聞いていなかったのだから虚偽答弁だと指摘した福島みずほ議員に対して加藤氏がおこなった言い訳からもうかがうことができる（2018年6月12日参議院厚生労働委員会）。福島議員は研究職の方の事例について「大臣、これ、この答弁、誰が聞いても、大臣自身が直接聞いたとしか聞けないんですが、虚偽答弁じゃないですか」と指摘したのに対し、加藤氏（当時は厚生労働大臣）は、**「どこが虚偽答弁なんですか」「声を把握、把握しているると言っているじゃないですか、聞いているなんて言っていないじゃないですか」**と開き直っているのだ。

しかし、このときの加藤氏の答弁は、よく見ると支離滅裂である。「例えばというのは、研究職の中にということで例えばという言葉を通じ把握をしているということを申し上げているのであります」というところなどは、**何を言っているのかわからない**。

2日後の6月14日の参議院厚生労働委員会で再度この件を福島議員に問われた際には、

「これ、しかも、見ていただくと、**次、改行になっているんですよね、この文章**」という珍答弁まで飛び出した。委員会室で口頭の答弁だけを聞いている側にとっては、「改行」の有無などわかるはずもないのだが。

以上を踏まえて、記者会見に臨む記者の方々に向けて、そして加藤官房長官の記者会見を見守るすべての方に向けて、「傾向と対策」を端的に整理しておきたい。

●丁寧な姿勢には騙されるな
●質問の言葉を引きながら答えていても、必ずしも聞いていることに答えているわけではないことに注意
●文脈上の誤認を誘う指示代名詞に注意
●論点ずらしのご飯論法に注意し、ずらされないような聞き方を
●論点ずらしのご飯論法で隠されていることは何かに目を向けよ
●正面から答えずに話をずらすだろうと予想しながら聞き、話をずらしたら、それを指摘してその場で更問いを
●ごまかしに気づいた他の記者は、関連質問として問いを引き継いで追及を

●ひっかかりのある答弁は、文字起こしをして精査を
●その場で気づかなくても、午前の疑問は午後に、午後の疑問は翌日に、再度質問を

答弁「訂正」はおこなわなかった安倍前首相

2020年12月25日。衆参両院の議院運営委員会で安倍晋三前首相による「桜を見る会」に関する答弁が行われた。

この答弁は、**安倍氏がみずから求めて開かれた答弁の「訂正」のための場**だった。しかし、**答弁は適切に「訂正」されなかった**。にもかかわらず、**報道はなぜかそれを看過してしまった**。あの場の位置づけを軽視することは、「説明責任を果たした」という安倍氏の主張に加勢することになってしまうのに。本項ではこの問題について考えていきたい。

安倍氏の国会答弁がおこなわれた翌日の12月26日。各紙は1面で、その様子を伝えた。

しかし、それが何のために設けられた場だったのかが説明されず、いきなり答弁の中身に入る形での報じ方だった。それぞれの1面記事の冒頭は、こうだ（いずれも、東京本社版）。

●読売新聞

〝自民党の安倍晋三前首相は25日、衆参両院の議院運営委員会にそれぞれ出席し、安倍氏の後援会が主催した「桜を見る会」前夜祭を巡る過去の答弁について、「事実に反するものがあった」と認め、謝罪した。〟

●朝日新聞

〝安倍晋三首相の後援会が「桜を見る会」の前日に開いた夕食会の費用を補填していた問題で、安倍氏は25日、衆参両院の議院運営委員会に出席し、首相在任時の国会答弁が事実と異なることを認め、謝罪した。〟

●毎日新聞

〝自民党の安倍晋三前首相は25日、衆参両院の議院運営委員会に出席し、「桜を見る会」前夜祭の費用補填問題に関する首相在任中の国会答弁について、「結果として、事実に反するものがあった」と誤りを認め、謝罪した。〟

●東京新聞

〝安倍晋三首相は二十五日、「桜を見る会」前日の夕食会を巡る首相在任中の国会答弁について衆参両院の議院運営委員会で「事実に反するものがあった。国会の信頼を傷つけた」と陳謝し、夕食会参加者の費用を補填していたことを認めた。〟

これらの報じ方では、なぜ安倍氏が議院運営委員会に「出席」したのか、わからない。通常の委員会開催ではないし、参考人招致や証人喚問でもない。**安倍氏は、みずから申し出て、発言の機会を求めたのだ。**「謝罪したい」と申し出たのか？　違う。**「答弁を訂正する発言を行わせていただきたい」と、申し出ていた**のだ。

宮本徹議員がその文書を12月24日のツイッターで公開している。文書の日付は12月24日。**「衆議院議員　安倍晋三」から「衆議院議長　大島理森殿」**にあてられており、**「答弁訂正に関する発言の申出について」**と表題にある。

本文はこうだ。

〝私が、本会議及び委員会において、内閣総理大臣として行った答弁について、事実と異なる部分があることが判明いたしましたので、**答弁を訂正する発言を行わせて頂きたい**と存じます。お取り計らいのほど、よろしくお願い申し上げます。〟

そう。この場は、**安倍氏が「答弁を訂正する発言を行わせて頂きたい」と求めたことに応じて開かれた場**だった。なのに、そのことが各紙の１面記事に明記されていない。冒頭部分だけでなく、１面記事の本文全体の中にも見当たらない。これはどうしたことなのか。

実際の議院運営委員会も、安倍氏が答弁を訂正する場として設けられていた。12月25日の衆議院議院運営委員会の委員長の冒頭発言にはこうある。

「**昨24日、議員安倍晋三くんから、大島議長宛に、本会議および委員会において、内閣総理大臣として行った答弁について、訂正する発言を行わせていただきたい旨の申出がありました。**本件につきましては、理事会における協議に基づき、本委員会で行うこととなりました」

その上で安倍氏が発言するのだが、安倍氏は議院運営委員会に集まった議員に向けた前置きの挨拶もなく、いきなり紙を読み始めた。およそ2分半にわたるその内容を以下に記す。**これが「答弁を訂正する発言」と言えるのか、**皆さんにご判断いただきたい。なお、この「読み上げ」のあとは、自民党・立憲民主党・公明党・日本共産党・日本維新の会・国民民主党の各議員からの質疑が計1時間続く形となった（その後、後述の通り、同様の形式で参議院議院運営委員会でも実施）。

＊＊＊　安倍氏の冒頭発言　＊＊＊

昨日、私の政治団体である安倍晋三後援会の政治資金収支報告書、2017年、2018年、2019年の3年分についての修正を行いました。

これは、今般の桜を見る会の前夜に行われていた夕食会に関する捜査の結果、新たに判明した事実、すなわち、同夕食会の開催費用の一部を後援会として支出していたにもかかわらず、それを記載しなかったとの事実が判明したことから、その修正を行ったものであります。

　こうした会計処理については、私が知らない中で行われていたこととはいえ、道義的責任を痛感しております。深く深く反省いたすとともに、国民の皆様、そして全ての国会議員の皆様に、心からお詫び申し上げたいと思います。

　桜を見る会前夜の夕食会につきましては、令和元年秋の臨時国会、本年の通常国会において幾度も答弁をさせていただきました。

　その中で、安倍晋三後援会は夕食会の主催はしたものの、契約主体はあくまでも個々の参加者であった。後援会としては収入もないし、支出もしていない。したがって、政治資金収支報告書に記載する必要はないと認識していた。夕食会における飲食代、会場費を含め（注）、支払いは個々の参加者からの支払いで完結していた。以上から、政治資金規正法などに触れるようなことはないとの認識である、といった趣旨の説明を繰り返しさせていただきました。

しかしながら、**結果として、これらの答弁の中には、事実に反するものがございました。**

昨日、大島衆議院議長、山東参議院議長に対し、先の本会議および委員会において、当時の内閣総理大臣として行った**答弁を正すための機会をいただきたいとの申出**を提出させていただきました。本日、国会のご配慮により、このような機会をいただきましたことに心より感謝いたします。


本日、この議院運営委員会の場におきまして、**改めて事実関係を説明し、答弁を正したいと思います。**

改めて、全ての国会議員の皆様に、深く心よりお詫び申し上げます。

（注：衆議院における実際の発言は「飲食代、会費、会場費を含め」であるが、参議院においては「飲食代、会場費を含め」と発言しており、読み上げミスと判断し、そちらに合わせた）

＊＊＊（冒頭発言終わり）＊＊＊

いかがだろう。**「これで終わり？」**というのが筆者の率直な感想だった。**「訂正」をおこなうとは、どこがどう間違っていたか、正しくはどうであるかを説明することだ。**辞書によれば「訂正」とは、「誤りを正しくなおすこと。ことばや文章の誤りをただし改めること（日本国語大辞典）」「誤りを正しく直すこと。特に言葉や文章・文字の誤りを正しくすること（デジタル大辞泉）」だ。

しかしこれでは、答弁をどう「訂正」したのか、わからない。**「これらの答弁の中には、事実に反するものがございました」**と発言するだけでは、これらの答弁の中の、どの部分が事実に反していたのか、そして事実はどうであったのか、わからない。これでは答弁の「訂正」とは言えない。

例えば発表した論文について疑義が呈され、論文の内容を訂正する場合を想定してみればよい。**「論文の中に、誤った記述がありました」と説明するだけで事足りるとは到底、考えられない**だろう。一つ一つ、どの記述が誤りであるか、そして、正しくはどうであるか、正誤表を作って説明すべきものだ。論文そのものを撤回するのならともかく、そうでないなら、正誤表は欠かせない。

なのに安倍氏は、前夜祭に関するすべての答弁を撤回するわけでもなく、**「これらの答**

弁の中には、事実に反するものがございました」と発言するだけで済ませている。答弁をすべて撤回するなら、予算委員会の審議時間を返せ、ということになるだろうし、議員辞職を迫られるだろう。だから「これらの答弁の中には、事実に反するものがございました」という言い方で済まそうとしているのだろうが、これでは到底、「訂正」とは言えない。

安倍氏の説明の持ち時間が限られていたとは考えにくい。前日に立憲民主党の安住淳国対委員長が語ったところによれば、安倍氏の**冒頭発言を除き1時間程度の質疑**ということで与野党で合意されていたようであるため、冒頭発言が長引いたとしても、質疑時間が削られることはなかったはずだ。

安倍氏が「答弁を訂正する発言を行わせて頂きたい」と申し出て開かれた議院運営委員会で、冒頭発言において安倍氏は、「答弁の中には、事実に反するものがございました」としか説明していない。**これでは、質疑に入る上での前提条件が整っていない。**「やり直し」を命じてよいレベルだ。

だから、衆議院と同じ説明を参議院議院運営委員会でもおこなった安倍氏の冒頭発言が終了した時点で、**立憲会派の議院運営委員会筆頭理事である吉川沙織議員**は、手を挙げて席を立ち、委員長席に向かい、他の理事らを集めて協議をおこなった。

速記が止まって音声も止められたが、TBSの映像から、一部、聞き取ることができた。

●【LIVE】安倍前首相 国会でどう説明？（参院議運委）（TBS 2020年12月25日）

その内容を書き起こしておきたい。聞き取りにくいので、書き起こしは不完全なものであることはご了承いただきたい。

まず、映像の26：12、安倍前首相が冒頭発言を終えたあとで吉川議員が手を挙げて委員長席に向かい、他の理事たちを集めて協議をおこなった場面だ。

●吉川沙織議員（立憲会派筆頭理事）　衆議院と、ほぼ、一言一句、一緒でした。

●長谷川岳議員（自民党・筆頭理事）　はい。

●森本真治議員（立憲民主党・理事）　どこが事実だと……。

●長谷川議員　はい、わかりました。今から……。

●吉川議員　あの、「わかりました」でなくて……。
●長谷川議員　今から……。
●吉川議員　**あれだけ委員長も交えて……。**（水落敏栄委員長が頷く）
●長谷川議員　わかってます。
●吉川議員　いや、わかってますじゃなくて、何のために、二院制を取っているのか。
●森本議員　ちょっと……。
●吉川議員　ちょっと。はい。
●森本議員　ちょっと、じゃあ、一回、止めて。（長谷川議員が安倍前首相の答弁席に近づき、文書を示しながら何かを語る。安倍前首相は手に持っていたファイルを開く。その間に、吉川議員が委員長席の周辺で）
●吉川議員　ほぼ、一緒でした。「当時……確認し、当時を確認し、知りうる限りの認識において」が入っただけで、ほぼ（衆議院議院運営委員会での冒頭発言と）一緒でした。
……え？……ええ。
●森本議員　……（聞き取れず）説明するっていうことで……。
●吉川議員　お願いしますよ。**これ、常会にかかわって、参議院の権威に関わる話なんで。**

衆議院の審議を踏まえての参議院なんで。……昨日から言ってるんですから。……はい、質疑はもちろん、やります。

●森本議員　もう一回、ちょっと。

その後、安倍前首相から、「ただいま理事の方からご指摘がございましたが、答弁の中で4点申し上げたところでございますが、この4点についてですね、事実でないものがあったということを、で、ございますが、しかしながら、結果としてですね、**事務所が支出を、桜を見る会の前夜の夕食会について、支出をしていなかった、ということも含めて、答弁の中には事実に反するものがございました、**ということでございます」という答弁がおこなわれる。そしてその後、再び、吉川議員らが委員長席に集まる。

●吉川議員　あの……（音声が入っていないため、聞き取れず）……。

●長谷川議員　ぎりぎり……。

●吉川議員　**いや、でも、「申し開きしたい」とおっしゃった安倍前総理の場を設けたのは国会ですよ。**

●長谷川議員　わかりました。

●吉川議員　国会、118回、違った答弁をされたんですよ。

●長谷川議員　わかりましたので。私からですね、誠実に。

●吉川議員　誠実に。

●水落委員長　誠実に、言うように、申し上げますから。

その後、委員長から「安倍前総理の冒頭のご発言につきまして、具体性に欠けるのではないかというご指摘がございました。安倍前総理におかれましては、この後の答弁で、誠実にお答えいただきますよう、お願いしたいと存じます」と発言があり、質疑の時間に移った。

このやり取りは、非常に重要であると筆者は考える。**「答弁を訂正する発言を行わせて頂きたい」とみずから求めておきながら、「事実に反するものがございました」と答弁するだけでは、「訂正」とは言えないからだ。そのことを吉川議員は、立憲会派の筆頭理事として、看過しなかった。**

安倍氏のこのときの発言をもう一度、確認してみよう。「事実に反するものがあった」

と語られるだけでは、**正誤表の「誤」の欄だけが記載されるのと同じだ。**

しかも安倍氏は「この4点について」と語っているが、それが何を指すのか、判然としない。安倍氏が読み上げた内容は左記であり、4点ではなく5点であるように見える。このうち、どれとどれをまとめて4点とみなしているのかも、わからない。

1　安倍晋三後援会は夕食会の主催はしたものの、契約主体はあくまでも個々の参加者であった。
2　後援会としては収入もないし、支出もしていない。
3　したがって、政治資金収支報告書に記載する必要はないと認識していた。
4　夕食会における飲食代、会場費を含め、支払いは個々の参加者からの支払いで完結していた。
5　以上から、政治資金規正法などに触れるようなことはないとの認識である。

正誤の問題に戻れば、「同夕食会の開催費用の一部を後援会として支出していた」という「新たに判明した事実」が冒頭発言で語られていたので、前掲の「2」については、正しくは支出があった、ということはわかる。しかし、例えば「1」の「契約主体はあくまでも個々の参加者であった」という過去の答弁については、**事実はどうであったのか**。この冒頭発言の中で、安倍氏は何も語っていない。本来であれば、**「正しくは、契約主体は○○でありました」というところまで語って初めて、答弁の「訂正」となるはずだ**。

だから、本来はこの議院運営委員会の様子を報じる際には、まず、

●安倍前首相は答弁の訂正を求めて国会に出向いた。
●しかし冒頭発言で安倍氏はどの答弁をどう訂正するのか、明言しなかった。答弁の中には事実に反するものがあったとするのみであった。
●後援会による支出の補填があったという、検察の調査によって認められた事実は、「新たに判明した事実」として語られたが、それ以外は、過去の答弁について、具体的な訂正をせずに質疑に臨んだ。

ということが報じられるべきだった。なのに、それが報じられなかった。なぜ、あの場で質疑に移行することを止めたのか、吉川議員にも取材して記事にすべきだった。しかし、それもおそらくおこなわれなかった。かろうじて東京新聞が12月26日の「こちら特報部」

で左記のように報じたが、**「反発」という表現**では、問題が伝わらない。

〝参院で議員運営委員会が始まったのが午後三時十五分。安倍氏が「結果として（過去の）答弁の中には事実と反するものがあった」と語りだすと、**野党議員たちは「具体性に欠ける」と反発して委員長の周りに集まり、一時中断した。**〟

安倍氏の冒頭発言では適切に答弁の「訂正」がおこなわれなかったからこそ、そのまま質疑に入ることはできないと、吉川議員が議事進行に異議を唱えたはずなのだ。**不当な妨害行為ではなく、正当な介入であったはずだ。なのに、なぜ「反発」なのか。**

「具体性に欠ける」と、という表現も的確ではない。「具体性に欠ける」というのは委員長の言葉だ。吉川議員らは、「具体性に欠ける」と漠然と指摘したのではなく、**『『申し開きをしたい』と安倍前総理が要求して場が設けられたのに、まともに申し開きされていない』**ことを指摘したのだ。しかし、記者は吉川議員には取材していないと思われ、吉川議員の行動の意図は明らかにされないままとなっている。

「反発」という書きぶりの問題点は、第1部のP98～114で指摘した通りだ。「反発」

という言葉は、理がなく感情的にリアクションを返しているように見える。このときの吉川議員の行動は、正しくは**「反発」ではなく「抗議」**だろう。

この**東京新聞「こちら特報部」の「『桜』疑惑 安倍氏国会質疑」という記事（中山岳、榊原崇仁の署名入り）**のリード文では、左記の通り、これが「答弁を訂正する」場であったことを正しく伝えていた。

〝「桜を見る会」夕食会をめぐる政治資金規正法違反事件で、不起訴となった安倍晋三前首相が二十五日、国会で、**「答弁を訂正する」との趣旨で、**事件に関する説明を行った。〟

それだけに、この書きぶりは残念だ。

またこの記事には立憲民主党の**辻元清美**氏の質疑について、こういう記述もある。

〝言葉ばかりの反省に「何をしにここに来られた」「相変わらず変わっていない」と**いらだちをぶつけた辻元氏。**〟

この「いらだちをぶつけた」という表現も、適切ではない。実際の映像を衆議院インターネット審議中継からご確認いただきたい（0：48：04〜）が、**辻元氏は感情を抑えて、実に冷静に安倍氏に迫っている。**

冷静に迫っているからこそ、その質疑には凄みがある。なのに、「いらだちをぶつけた」と表現すると、これもまた、理もなくワーワーと騒いで見せているように見えてしまう。

なお、12月26日の朝日新聞は、左記の社会面の記事のリード文では、「安倍氏自ら『説明したい』と申し出ての実施だったが、詳細を語る場面はなく、『秘書任せ』『他人任せ』の姿勢に終始した」と記している。

●秘書任せの安倍首相　田原氏も「全く緊張感感じず」（朝日新聞　２０２０年12月26日）

みずからの申し出による場だったということはこの記述でわかるが、しかし、「説明したい」と申し出たのではない。**「答弁を訂正する発言を行わせて頂きたい」と安倍氏は申し出たのだ。**

その違いは看過すべきではない。「答弁を訂正する発言を行わせて頂きたい」を「説明したい」と言い換えることは、国会という場の重みを報道が軽視してしまうことになるからだ。

議院運営委員会が12月25日に開かれたのは、安倍氏が「答弁を訂正する発言を行わせて頂きたい」と求めたためであったが、安倍氏はどの答弁をどう訂正するのかは、明言しなかった。しかし、そういう事情が報じられず、冒頭発言もその後の質疑への答弁も区別することのないまま、この日の様子は各紙で報じられた。

安倍氏はこの国会答弁の後、ただちに記者団の取材に応じ、「**説明責任を果たすことができた**」と語った。さらに次期衆院選に「出馬して国民の信を問いたい」とまで語ったのである。

●核心答えぬ安倍前首相　議運後には「説明責任果たした」（朝日新聞　2020年12月25日）

冒頭発言の様子を見れば、**説明責任を果たしていないことは明らかだ**。なのに、冒頭発言も質疑への答弁も区別せずに発言内容を報じてしまうと、野党は「疑惑が解明されていない」と主張し、安倍氏は「説明責任を果たすことができた」と主張したという、**互いの様子を両論併記するだけ**に終わってしまう。

それでは、**国会で語ることによって「説明責任を果たした」という体裁を取ろうとした安倍氏の土俵に、報道が乗ってしまうのではないか。**あの場がどう設定された場であり、冒頭に安倍氏が何を語ったのかが整理されて報じられていれば、「説明責任を果たした」という主張は通らないことが読者に伝わるのに、それが伝わらない形になってしまっている。筆者はそのことに非常にモヤモヤするのだ。

同25日には、18時から菅義偉首相も記者会見をおこなっている。その中でこの日の安倍氏の国会答弁について、最後の質問で「説明責任を果たされたかどうか、どう感じられるのか」と朝日新聞の星野典久記者に問われた菅首相は、「説明責任を果たされたかどうか。今回のことにおいて、安倍前総理は、記者会見をされて、そして**国会の求めに応じて、今日、国会で説明をされているというふうに思っています。**ですから、そのことにおいて説明はされてきたんじゃないでしょうか」と語っている。

「国会の求めに応じて」ではなく、安倍氏がみずから申し出て発言の機会を得ておこなった答弁であるにもかかわらず、このようにその位置づけが都合よく「**上書き修正**」されてしまう。**報道がこの議院運営委員会の位置づけを適切に報じなければ、このような「上書き修正」がおこなわれたということさえ、市民は気づけない。**それだけ報道の役割は大きいのだ。

なお、筆者は12月25日夕方に朝日新聞の取材を受けた。翌26日の朝刊に、先にも紹介した左記の朝日新聞の社会面の記事で、筆者のコメントが田原総一朗氏のコメントと共に掲載されている。

●秘書任せの安倍前首相　田原氏も「全く緊張感感じず」（朝日新聞　２０２０年12月26日）

その中で、筆者のコメントは、こう掲載された。

〝**自ら答弁を訂正したいと申し出たのに、何を訂正したいのか結局はっきり言わなかった。**どこが間違っていたのか、事実はどうなのかを文書で示した上で質問を受けるべきだが、それもせず、問い詰められてようやく認める、消極的な姿勢に終始した。時間も不十分で、説明したという体裁だけ整えようとしたのが明らか だ。(以下、略)〟

しかし、みずから答弁を訂正したいと申し出たのに訂正内容を明言しなかったということは、本来は**記事本文で記者がみずから書くべきこと**だったと思うのだ。

第3部
変わろうとする新聞

毎日新聞デジタル記事の挑戦

２０１９年7月21日の参院選後の7月24日。筆者はハーバー・ビジネス・オンラインの企画で、毎日新聞統合デジタル取材センターの齊藤信宏センター長（当時）にお話を伺った。

参院選前の6月24日には、野党提出の安倍内閣総理大臣問責決議案に対し、参議院本会議で自民党の三原じゅん子議員が「愚か者の所業」「恥を知りなさい」と反対の演説をおこない、同じ頃に自民党本部が国会議員に配布した『フェイク情報が蝕むニッポン　トンデモ野党とメディアの非常識』という冊子が問題になる（Ｐ１８４参照）など、政治をめぐり、荒れた状況が見られた。

その中で、タイムリーに、かつエッジの利いた長文のデジタル限定記事を、積極的に配信していたのが毎日新聞だった。

●自民党本部が国会議員に配った冊子に物議「まるでネトウヨ」首相を礼賛、他党やメ

ディア徹底非難（2019年6月29日・大場伸也）

●年金支給額は増えたのか　三原じゅん子議員の演説をファクトチェック（2019年6月30日・吉井理記）

●「親安倍」「反安倍」の人たちがののしり合い　騒乱の安倍首相「秋葉原演説」を見に行く（2019年7月21日・吉井理記）

記者の署名に添えられた「統合デジタル取材センター」という部署名が目を引いた。忖度のせいなのか、記者の力量不足のせいなのか、物足りない政治報道が多い中で、なぜ毎日新聞は掘り下げた報道が可能となっているのか、その変化の背景を聞いた。

上西充子（以下、上西）　最近、私はハーバー・ビジネス・オンラインでこういう記事を出したんですね。朝日新聞の参院選前の連載である「問う　2019参院選」の第一回、「『嘲笑する政治』続けるのか」（7月7日）という記事（P180参照）についてなんですが。あの朝日新聞の記事は、全体としてはいいんだけど、「笑われる野党にも責任がある」という一言があったんです。バランスを取っているのかもしれないけど、さすがに問題点は「嘲笑する側」の政権にあるわけで、こういう言い方はないだろうと批判したんです。他にも、新元号の発表のときの報道を批判する記事や、小川淳也議員による根本匠厚生労働大臣の不信任決議案の趣旨弁明演説を悪意ある切り取りをして報じたNHKを批判する記事とか。

そうした歪曲された報道だけでなく、高度プロフェッショナル制度などは踏み込んだ報道が少なかった感もあり、国会がいかに異常な状態になっているか、報じられることが減ってきているんじゃないか、ものが言えなくなっているんじゃないかという危機感を抱いていて。

そんな中で、ここのところ毎日新聞の記事に目が行くことが多くなったんです。例えば、ご飯論法もインフォグラフィクスを入れてわかりやすく取り上げていただいたり（「政府答弁は論点のすり替え？　ネットで話題『ご飯論法』」2018年5月27日、「流行語候補おさらい『ご飯論法』って？　『パンは食べたが黙っておく』すりかえ答弁を可視化」2018年11月19日）、三原じゅん子議員演説のファクトチェックや安倍首相の選挙前秋葉原演説など、目立った記事が多く、それが統合デジタル取材センターによるものだというクレジットが多くて。

踏み込んだ記事というのは文字数がいるけど、WEBだからこそ可能なので、デジタルでやっているのかなと。デジタルで踏み込んだ記事を書くことによって、それが読まれて評価されてっていう好循環が回るような仕組みがあるんであれば、そういう仕組みに今回ちょっと注目をしまして、お話を伺いたいと思ったんです。

統合デジタル取材センター長・齊藤信宏氏（以下、齊藤）　ありがとうございます。前提として統合デジタル取材センター（以下、統デジ）というのは今から2年、もう2年半近くになりますけども、２０１７年の春にできたんです。私自身はこの春、経済部長から異動して現職になったんですが、この春から大きく変わった点があるんですね。それは統合デジタル取材センターの記者の人数を倍増したことなんです。なので、先生が最近よく目につくようになったという一因は、単純にマンパワーが倍になったということもあります。

ただ、この部署は、2年半前からいる記者も含めて、政治部、経済部、社会部、外信部、それから大阪本社とか福岡本社といった各部署の、いわば一騎当千の記者を集めているんです。私は所属長として、他の3人のデスクと現場の記者の原稿を見る立場ですが、細かいことを言わなくてもじゃんじゃん原稿を上げてくれるんですよ。

上西　1カ月でどのぐらいの記事量を配信しているんですか？

齊藤　ざっくり言って、月に100本から120本ぐらいですね。単純に30で割ったとして1日4本くらいになりますけど、土日は少し少なくなります。だから1日4～5本ですね。統デジの記事の特徴としては、第一に紙の新聞記事とは字数が大きく違うということがあります。1本の行数が格段に長く、新聞的に言う30～40行くらいのベタ記事がないんですね。

もともと、紙の新聞って、スペースに制限があるので、削られることが大前提なんです。だから大きな事件があると、それまで1面のアタマにあった記事も全部削られてベタ記事になってしまうこともある。それが紙の新聞の宿命でした。

ところが今はデジタルなので、書けばどんな大事件が起ころうが選挙があろうが、4千字でも5千字でもいくらでも載せられる。そのため、記者は取材の成果を全部、字にすることができる。そういうところに、一騎当千の記者たちも、やりがいを感じてやってくれてるんじゃないかと思っています。

上西　こういう記事を書きたいっていうのは、それぞれの書き手が決めるんですか？

齊藤　週に1回、全員集めて会議をやっています。そこで、今週取材するネタを3本出してくださいと。

例えば、参院選投票日前日に、安倍首相の演説を秋葉原に聞きに行くという企画をある記者が出しました。それは月曜日にネタを出して、7月20日土曜日に取材。でも翌日は投票日なので、取材したその日に出さないと意味がない原稿です。そのため、月曜日のネタ出し後に、彼は安倍さんの過去の演説についての取材メモや記事などを読み直し、現場の取材以外のデータを全部揃えた状態で当日現場に行って、その後バーッと原稿を書いて夜中までに出しました。

上西　この記事が良いのは、配信されたのがほぼ選挙の日じゃないですか。普通そういうときって当たり障りのない、安倍首相はこう言いました、みたいなストレート記事だけで踏み込んだことを言わないようなものを出すと思うんですけど、これかなり政権批判的なニュアンスもありますね。

齊藤　これまで、確かに報道はバランスをすごく大事にしてきたんです。特に選挙取材ってものすごくセンシティブなものがあるので。

これまでの政治部による報道がまさにそうですし、新聞社もテレビ局も、例えば自民党を取り上げたら、立憲民主も取り上げなきゃいけないし、共産党も取り上げなきゃっていうやり方をしていたんです。でも、それによって、選挙期間中の報道って、ものすごく平板になっているんです。今でも新聞で政策比較とかやっていますが、どうしても当たり障りのない内容になりがちなんですよ。

ネットで読んでいる人っていうのは、新聞みたいに家に届くわけではありませんから、読みたくなければ読まないわけです。つまらなければ読んでもらえないんです。だから、読者に読んでもらえるような記事を出さないといけないという気持ちが記者全員にあると思います。

あと、ネットのいいところは、紙面は制約があるし、ぱっと見ると、写真が並ぶので、各党の党首が揃っていないと何かバランスを欠いた感じになりますよね。でも、ネットであれば、その日は、山本太郎さん、次の日は安倍晋三さん、次は枝野幸男さんと、一日交代で誰か党首が出ていればそれでトータルで1週間見たら、バランス取れるんじゃないですかと。

だから、安倍首相の演説を取材した同じ記者は、山本太郎さんも取り上げて、その次の日は別の記者が、秋葉原でコスプレやった玉木雄一郎さんを取り上げた記事も出しているんです。

上西　政権批判的な記事を出すと、官邸からクレームが来たりしませんでしたか？　テレビだと、街頭インタビューの取り上げ方などに偏りがあるとして、幹部あてに電話が来たなんて話がありましたけど……。

齊藤　それはなかったですね。テレビは影響力が大きいからセンシティブになっているのかもしれませんね。ただ、もし私が政治部記者で、官邸詰めの記者だとしますよね。で、私が普段から首相官邸を取材して、安倍さんとか菅さんとか、官房副長官とか、そういった人たちを取材していて、そんな私が批判的な記事を書くと、「ちょっと齊藤さん、いつもね、あれだけお付き合いしていろいろなことをざっくばらんに話しているのに、これはないでしょう。あなた、ちょっとどういうことですか？」って、言ってくる可能性はあります。

あとは、社内で、政治部のデスクから、「あの表現はちょっと品がないんじゃないですかね」みたいなことを言われたことありますが、クレームというほどのものはありませんね。あくまで感想レベルです。

上西　今、政治部・社会部という他部署の話が出ましたが、統合デジタル取材センターっていうのはそういういろんなところから、2017年春に人員が集められたわけですか。デジタル記事を書くために？

齊藤　はい。新聞業界というのは、実はすごく硬直した組織になっていたんです。霞が関の官僚の人と話していると、よく言われるのは「霞が関のこと批判してくれるのはいいと思う。古いとか旧態依然としてるとかって。でも少なくとも霞が関は省庁再編もしてるし、なくなった官庁もあるし、大蔵省は二つに割れて財務省と金融庁になったりしてるんですよ。でも、新聞社はなんですか」と。確かにその通りで、明治時代からほぼ政治部・経済部・社会部・外信部・運動部って縦割りの組織は変わっていないらしいんです。

さらにその組織の中で、朝刊夕刊に原稿を出す、特ダネを出すというのも変わっていない。これが100年以上続いていたわけです。紙に出すことが最大の目的で、紙で特ダネを書くことと、紙に事件や事故の一報を載せるというのが最大の仕事なんです。例えば朝刊の締め切りが夜だとしますよね？　そうするとですね、朝発生した事件、あるいは午前中に起こったような出来事でも、夕刊への一報の出稿が終われば、あとは翌朝の朝刊に間に合えばいいなとなる。そうすると、ゆったり昼ご飯食べて、お茶飲んで、ちょっと取材相手と連絡を取って、取材したりして。で、夕方5時6時ぐらいから「さてやるか」っていう感じで、原稿を書き始めるわけです。

　そうしたら、ネット上ではもうバンバンその話は流れているんですよ。で、翌朝にはもう古臭い話になってしまう。

　こうした習慣は染み付いたものなので、なかなか改められない。それならばゲリラ部隊を作ろうと。そういう目的で設置されたのが統合デジタル取材センターです。だから私も、最初の頃、記者たちにこう言ったんです。

「我々は、政治部・経済部・社会部から記事をぶんどってくる、原稿をぶんどってくるのが仕事だから、もう彼らがもたもたしているようだったら、こっちで書きますからと言って、ガーッとこっちでやっちゃえ」って。

　つまりこう、社内で変革していくために突破口を作ろうという思いで設置されたんです。

上西　突破口を作ろうっていうことは、どこが決断したんですか?

齊藤　それは上層部ですね。というのも、記者クラブ持ちだったり、遊軍だったり、さまざまな記者が1000人近くいますが、彼らは各々課題があってそれぞれの課題を追いかけているわけです。そうして目の前の仕事に追われていると、新聞の部数が年々減っていて、デジタルの時代になってますよっていうことはわかっていても、なかなか動けないわけです。だから、上の人間がこれじゃ駄目だと声をかけないといけなかった。ところが、一回声をかけてみたら、「出来る奴」が出てきて、ダーッと動き始めるんです。

上西　そういうスタッフはやはり若い世代になるんですか？　とはいえ、こうした長い記事となると、1人で企画を立てて、あの人に聞こうとかそういうアテもあって、取材して全部書いてだから、かなり力量がいりますよね。

齊藤　だいたい10年目くらいですね。新人は支局に必ず4～5年行って、そこで事件取材とか選挙の取材とか、高校野球だとか社会人野球だとかの取材をして、その後、東京や大阪、福岡の各本社などに異動して、大きな組織に入ってそこでやる。そこで5年ほど経験を積んだ記者を、よりすぐって引き抜いてきた感じです。

上西　これまではその社会部と経済部と政治部ってのが縦割りだったわけですよね。それが各々が違うところから来ることによって、何かケミストリーというか、そういうのはあったんですか？

齊藤　これが面白いことに、記者たちはすごくプレッシャーを感じていたようなんです。要は、出来る記者というのが集まっているので、彼はこんなのを書いた、彼女はこんなのを書いたというのをすごく気にしているらしくて。だから月曜日の企画会議がすごく嫌だとかいう声もありましたね。あとは、他の人とネタがかぶったらどうしようとか。ただ、みんな興味関心が微妙に違っていて、不思議とかぶらないんですよ。もっとも、選挙の取材とかは同じような話が出てきたんで、チームを組ませることもありましたが。

それぞれに得意のジャンルっていうのはやはりあるんです。例えば政治部経験が長い記者は、あの自民党の「ネトウヨ小冊子」として話題になった冊子も、いち早くどこかから入手してきて、「これ見てくださいよ」って言ってきた。

上西　やはりそういう「得意分野」を作るためにも、10年くらいかかるんですね。で、そうした人はいたけど、書く場所がなかった。それが統デジができたことで書く場を得たと。

齊藤　はい。そして今も、各部に書ける人間、書く場所を与えたら活躍する人間はいますいるんですけど、例えば総理番やってねって言われたら、安倍首相にずっとくっつく。政調番と言ったら政調会長の動きをずっと追うとか、そういうそのルーティーンの仕事があるわけです。ただ、それは、ルーティーンの仕事かもしれないけど、実は彼らはものすごく一般の人はリーチできないような世界にリーチしてるんですよ。

だから僕も常々政治部や経済部に言ってるんです。ルーティーンの仕事だとしても絶対読まれる記事になるネタがあるって。

例えば、麻生太郎さんがいますよね。彼は火曜日と金曜日の閣議後に必ず記者会見やるんです。このとき、妙なことを言ったら記事にはなりますが、そうじゃないときも火曜日と金曜日は必ず麻生さんの話を記者は聞いているわけです。

だったら、担当記者は、あの会見の一部始終を「麻生日記」とか言って、閣議から帰ってきたときの表情から、服装から、帽子かぶってたのかぶってないのとか、なんか脚組んで座ってたとか、記者がこう言ったらそれに対して「お前勉強不足だな」と言ったとかね。そういう一部始終を全部原稿書いて、こっちにくれよと。そしたらそのまま出すからって。絶対読まれるよって。

経済部で言うと日銀の黒田総裁が、必ずあの政策決定をやった後はみっちり1時間ぐらい会見やるんですよ。そこで、大したことしゃべらないときもあるんですけど、それでも結構あーでもないこーでもないといろんな言い訳したりするんです。

それなんかも、断片だけじゃなくて、ずらっと全部見せたらいいんじゃないかって。

そんなことはたぶん、現場にいて紙の新聞だけを作ってきた記者は、思いがなかなか至らないんですよね。

上西　紙幅を気にしなくていいデジタルだからできることですね。会見とかって、ギュッと圧縮するとまともなこと言っているように聞こえてしまいます。実際はウニャウニャ言っているだけであっても。それが、全文を見ることでわかっちゃうんですよね。

齊藤　吉本興業の岡本昭彦社長の会見も5時間半でしたけど、全部文字起こしして、全文をネットに流せって、わーっとやったんです。生放送はやっていましたからそれ見てる人はいいでしょうけど、5時間半見てる人はなかなかいないんですよね。だから文字に起こすことによって、暇な時間にちょっと見て、ざーっと斜め読みしていったら、こんなことを言ってるんだってわかるんですよ。

ハーバー・ビジネス・オンライン編集部（以下、ＨＢＯＬ）　先ほど記者の間で良い意味での競争心があるということをおっしゃいましたが、書いた記者にその書いた記事ごとのＰＶ（ページビュー）みたいなものっていうのは公開されているんですか？

齊藤　それもですね、実はこれまではあんまりしてなかったんですけど、この春から前日にどんな記事がＰＶ稼いだかっていう、1位から20位までのランク、それからユニークユーザー（一定期間内にサイトを訪問して記事を見てくれた人）で、うちの有料会員につながるような読み方をしてくれた読者の数が多かった1位から20位の記事を、メールで編集局の全員で共有するようにしています。

それだけでも、だいぶ各部も3カ月で心持ちが変わってきました。例えば政治部はデジタル担当デスクを1人置いて、面白い政治ネタが政治部からも出てくるようになってきています。

新聞で1面のアタマになる記事と、ネットでPVを稼ぐ記事って全然違いますよね。それが、新聞だけ作っているとなかなか想像できないんです。で、何かというと、どうせネットって猫の話だとか、どこのタレントが結婚したとかそういうのが読まれるんだろうっていうぐらいの感覚でいる人たちも多いんですよ。いやそうじゃないですよと。安倍さんの話でも一番読まれていますよと。そういうことをまず伝えていくことから始めているんです。

HBOL　逆に言うと今年の春までそれができていなかったというのは、確かに組織的に旧態依然としていたんですね。でもそうなってくると、これからPV至上主義の弊害も出てくる可能性があるわけですね。

齊藤　そのへんはいろいろ研究しているところです。例えば、日経さんはデジタルでは新聞業界の最先端を行っているけど、敢えてＰＶを知らせてないって聞きました。逆に、もう全部自分のパソコンで自分の書いた記事から他の人の書いた記事までＰＶを見られるという社もあると聞きます。どちらがいいのか、研究しつつという感じです。

ただ、各社共通しているのは、新聞社はもうＰＶの広告収入よりサブスクリプションというか有料会員をどう獲得していくかに主眼を置いていると思います。

なので、ＰＶも指標としては参考にするけど、本当に必要な記事はどういう記事かというと、デジタル毎日を有料で購読してくれる方がきちっと読んでくれている記事ということになりますから、そこを重視しています。

そして、有料会員も、昨年から見ると2倍、3倍と増えており、効果は出ていると思っています。

ＨＢＯＬ　ただ、有料になるとニュースを広めるという点ではデメリットがありますよね。

齊藤　そこは確かに大きな課題です。ただ我々からするとですね、もともと有料だったでしょうっていう気持ちもあるんですよ。新聞を取っていただいている方々は有料で取っていただいていたので、それが１９９０年代の後半ぐらいからネットで無料で読む流れになり、それが常識になってしまった。

私は10年くらい前にアメリカにいたことがありますが、私がいた当時のアメリカが、今の日本の状況と同じような感じでした。それまで全部無料で見せていたのを、ウォール・ストリート・ジャーナルとか、ニューヨーク・タイムズとかワシントン・ポストが最初に閉じて有料化し始めて、閉じると当然のことながら、今おっしゃったような議論がやっぱり起きたわけです。

でも、そもそもニュースが無料というのはおかしいだろうと。これだけ人件費かけて、手間かけて作っているのに、無料じゃないよという意識を、もう一回、読んでいる方々に持ってもらわないと。この業界自体がジャーナリズムも含めて、成り立たないよという原点に立ち返っているという感じです。

上西　読者の側も、ジャーナリズムっていうのを支えるためにもサブスクしないとなっていう意識を持つ必要があるということですね。

齊藤　あとは、今の最大の課題は、若い世代をどう取り込んでいくかです。生まれてこの方、新聞を読んだことがないという人が多い30代ぐらいまでの方々をどうするかということですね。

単に一報報じるだけだったら、ネットのニュースを見てねって話なんですけども、例えば話題になっているれいわ新選組の現象って何なの？　山本太郎さんってどうしてこんなに人気があるの？　とかを読み解くような記事……つまり、視点というか、ものの見方みたいなものを提供できる記事を増やしていきたいなと思っているんですよね。
　そうすると、興味を持ってもらえる可能性は出てくる。で、それを読むためには、やっぱりあなたもちょっとお金払ってねと少しは言えるのかなと思っています。

【齊藤信宏氏】１９９１年早大卒、毎日新聞社入社。長野支局、社会部などを経て、２００２年から経済部。証券、金融業界や財務省、金融庁などを担当し、07年秋から４年間、北米総局（ワシントン支局）特派員。12年春から経済部デスク、18年春から東京経済部長。19年春から現職。

【対談を終えて】

今回、取材の機会をいただき、私たちが求める踏み込んだ記事はどうすれば生み出されうるのか、考える手がかりをつかむことができた。

一つは、組織的育成の重要性と、育成した記者に存分に書く場を与えることだ。

私たちは踏み込んだ記事が少ないことを、政権への忖度や政権からの圧力ではないかと考えがちだ。もちろんそれも考慮に入れる必要があるのだろうが、同時に、踏み込んだ記事が書ける記者はいかに育つのか、という視点も欠かすことはできない。

記者は記者職を得たからといって、最初から踏み込んだ記事が書けるわけではない。番記者として張り付いてベタ記事を書き、経験を積み、人脈も形成し、そうしてようやく踏み込んだ記事が書けるようになる。そうやって育った記者に字数を気にせず、紙面バランスも気にせずに存分に書けるデジタル記事の場を提供したのが、統合デジタル取材センターという新たな部署の設置だったのだろう。

政治部、経済部、社会部など、それぞれの部署で育ってきた一騎当千の記者が、それぞれに書きたい記事を企画し提案し、一人の署名記事で存分に書き上げる。デジタル記事であるがゆえに単独の記事の評価がPVにも表れる。相互に刺激し合いながら活躍できる場を組織として与えれば、これだけの結果が出せるということが、毎日新聞の組織再編によって示されたわけだ。

存分に書ける場だけなら、数多くのネットメディアがある。けれども、充実した記事を書くには、それが書けるに至るまでの経験の積み重ねが必要だ。ネットメディアはその経験を積むだけの環境を提供できるだろうか。

そう見ていくと、記者クラブという場への評価も変わってくる。寄り添う経験を経たからこそ、本音を聞き出すこともでき、のちに突き放した記事も書ける。そして、突き放した記事を書いても孤立し困窮しなくて済むように、新聞社という組織があり、有料購読の仕組みが支えている。

そう考えていくと、もう一つ大切なことは、ネット記事を私たちがサブスクリプション（有料購読）によって支えることだ。良質な情報は有料で入手するのが、かつては当たり前だったということを、もう一度思い出したい。「これだけ大事な記事なのに、なぜ有料記事の扱いなのか」という声をツイッターではよく聞く。けれども、ネット記事を支えるのが広告収入だけであれば、より扇動的な記事が跋扈し、悪貨が良貨を駆逐する状況にもなりかねない。

組織が記者を育てるように、有料購読も記者を育てる。それによって私たちが、踏み込んだ記事を読めるようになる。私たちがそれを読むことで、踏み込んだ記事が書き続けられるシステムが維持される。そんな好循環を回すことに、私たちも関わっていくことが必要だろう。

第4部

「桜を見る会」を争点化させた しんぶん赤旗日曜版

田村智子議員「桜」質疑はどう組み立てられたのか？

国会パブリックビューイングは2020年1月6日に、しんぶん赤旗日曜版・山本豊彦編集長にお話を伺った。

●「桜を見る会」質疑を支えたもの　山本豊彦（しんぶん赤旗日曜版編集長）・上西充子（国会パブリックビューイング代表）　国会パブリックビューイング（YouTube）

●文字起こし：「桜を見る会」質疑を支えたもの　山本豊彦（しんぶん赤旗日曜版編集長）・上西充子（国会パブリックビューイング代表）　国会パブリックビューイング　2020年1月6日（上西充子note　2020年1月14日）

「桜を見る会」をめぐる追及の発端となった日本共産党・田村智子議員の2019年11月8日の質疑は、同年10月13日のしんぶん赤旗日曜版のスクープの情報をもとにしている。「桜を見る会」が安倍晋三首相（当時）の後援会行事とセットで後援会関係者を幅広く招待していたことを報じたそのスクープは、どのように準備されたのか。それを伺うのが対談の目的だった。

対談の様子は前掲の映像と文字起こしで公開したが、ここからの第４部では、その内容を紹介しつつ考察しておきたい。

まず初めに、２０１９年10月13日のしんぶん赤旗日曜版のスクープに言及する前提として、２０１９年11月８日の参議院予算委員会における田村議員の質疑の巧みな組み立てに注目しよう。

田村智子議員は、前述した２０１９年10月13日の日曜版スクープで取り上げられた情報をもとに、同年11月８日の参議院予算委員会の30分の質疑を組み立てた。

国会パブリックビューイングでは同年12月24日にこの質疑を６つのパートに分けてスライドで説明を加えながら新宿駅西口地下の街頭上映で紹介し、上映後に田村議員本人をゲストに迎えてお話を伺った。

●字幕【田村智子議員ゲスト出演・緊急街頭上映】「#桜を見る会」ビフォー・アフター
国会パブリックビューイング　2019年12月24日（街頭上映用）（YouTube）

実際の質疑は、国会会議録検索システムから確認することができる。筆者のnoteでも、ヤジを含めた文字起こしを公開した。
以下、12月24日の街頭上映で切り分けた次の6つのパートの順に、質疑の組み立てを確認していきたい。

パート1　データから近年の「桜を見る会」の変質を指摘
パート2　国会議員のブログから後援会関係者の大量招待を指摘
パート3　安倍事務所が「桜を見る会」の参加者を募集
パート4　税金を使った公的行事
パート5　「安倍晋三後援会」主催による前夜祭とセット
パート6　開門前に後援会関係者が会場に

いずれのパートも、確かな証拠・証言に基づいて質疑が組み立てられている点が特徴だ。また、その証拠・証言が、相手の出方を見ながら順次開示されていき、答弁を覆す反証を示すことを繰り返すものであったこと、そして、じわじわと外堀を埋めていき、安倍晋三首相（当時）本人の問題へと迫っていくものだったことが注目される。

またこの質疑はわかりやすく整理されており、見ているだけで問題のありかが理解できる優れたものだった。

日本共産党はみずからのＹｏｕＴｕｂｅチャンネルにおいて、同日のうちにこの田村議員の質疑を切り取って紹介している。２０２０年1月14日の段階で、その視聴数は29万回を超えていた。

質疑の翌日の11月9日には、立憲民主党の枝野幸男代表が「党派を超えて、数年に一度の素晴らしい質疑だったと思います」とツイートし、多くの方にご覧いただきたいと勧めていた。

●パート1

では、具体的に順に質疑を見ていこう。パート1では田村議員は、政府が提供したデー

タをもとに質疑をおこなう。その前に、

「安倍内閣のモラルハザードが問われていますが、私は総理自身の問題を質問いたします」

と、テーマが明確にされていることにも注目したい。

田村議員はまず、「桜を見る会」の支出（予算および支出額）と参加者数の推移をパネルで示し、なぜこんなに参加者と支出額を増やしてきたのかと問うた。

これに対し、大塚幸寛内閣府大臣官房長は、「テロ対策の強化」などと答弁。さらに招待客が増えている理由としては、「各界において功績、功労のあった方々」を「各省庁からの意見等を踏まえ幅広く招待」しており、「そうした結果」として招待者・参加者が増えていると答弁。

この答弁を受けると、田村議員は支出内訳のパネルを提示。飲食物提供に一番経費がかかっていることを指摘した上で、一人ひとりの招待者に送る案内状の支出も2・5倍に増えていることに注目を促した。

その上で、内閣官房内閣府が発出した開催要領をパネルで提示。皇族や各国大使、議会関係や地方議会関係、行政関係、この辺りは2000人くらいでほぼ固定的だという内閣府の説明を紹介し、増えたのは最後の**「その他各界の代表者等」**だろうとの見方を示した上で、**「その『等』を含めて、これはどういう方々で、一体どうやって招待する人を決めるんですか」**と問うた。

すると、大塚官房長は「何か特定の分野ですとかカテゴリーを想定しているものではございません」と答弁するに至った。

こうやって**「建前」を答弁させたあとで、しんぶん赤旗日曜版が集めた証拠・証言をもとにした質疑に踏み込んでいった。**

●パート2

パート2でまず紹介されたのは、議員がブログなどネットで公開している内容だ。これは、しんぶん赤旗日曜版の2019年10月13日のスクープで取り上げられたものであり、日曜版の若手記者らがネット検索で集めたものだった。

稲田朋美議員の「日々の活動報告」（2014年4月12日）（当時、規制改革担当大臣）

には、「**地元福井の後援会の皆様も多数お越し下さり**、たいへん思い出深い会となりました」との記載。**世耕弘成**議員の後援会ニュース（2016年新年号）（当時、官房副長官）には、「桜を見る会」にて、**地元女性支援グループの皆さんと**、との写真。**松本純**衆議院議員の「国会奮戦記」（2013年4月20日）には、「役職ごとに案内状が割り当てられます」「選挙のうぐいす嬢の皆様をはじめ**後援会の皆様と参加**致しました」との記載。**萩生田光一**文部科学大臣の「はぎうだ光一の永田町見聞録」（2014年4月18日）（当時は自民党総裁特別補佐）には、「今年は平素ご面倒をかけている**常任幹事会の皆様をご夫婦でお招きしました**」との記載。

これらを紹介した上で、田村議員は萩生田大臣に、「『**常任幹事会の皆様**』**というのは、どういう方で、どの府省が推薦してくださったんでしょうね**」と問うた。

萩生田大臣は「桜を見る会については、各界において功績・功労のある方々を各省庁からの意見等を踏まえ幅広く招待しているものと承知しており」と、用意された答弁書を棒読み。田村議員が「いやいやいやいや…」とのけぞる様子を見せ、蓮舫議員ら野党の理事たちが委員長席に詰め寄って速記が止まったあとにも、

「自分の知り合いの方をのべつ幕なし呼べるという仕組みになっておりません」

と、さも知り合いを呼べる仕組みはないかのような答弁を続けた。しかし、「常任幹事」とはどういう方かという質疑だとの野党側からの指摘を受けて、「常任幹事の中に（笑）、そういう各種団体の長の方がいらっしゃって、その方たちがお招きをされたと承知をしております。まあ私が主催者じゃないのに何かお招きしたというのはちょっと僭越な言い回しだなと思います」と答弁。「常任幹事の中に」と語るところでは、「何を難癖をつけているんだ」と言わんばかりの笑いを交えた。

このように、あえて馬鹿にするような笑いを答弁に交えることは、安倍晋三首相（当時）にも大臣たちにも、しばしば見られる光景だ。そして、常任幹事だから呼ばれたのではなく、たまたま各種団体の長を兼ねていたから招待されたものであるかのような答弁を行った。

実際にはその後、野党の追及を受けて**11月20日の衆議院内閣委員会において菅義偉官房長官（当時）が首相枠や与党議員枠の存在を認める**こととなる。したがって萩生田大臣についても常任幹事の方を実際に「お招き」したものだったことが明らかになるのだが、そのような招待を否定するような答弁をこの時点で引き出しておいたことには意味がある。

「こんなふうに言い逃れをするのだな」ということが、見ている私たちにわかるからだ。

田村議員は常任幹事とは後援会の常任幹事であることを萩生田大臣に認めさせた上で、

「総理、つまり、自民党の閣僚や議員の皆さんは、後援会、支援者の招待枠、これ自民党の中で割り振っているということじゃないんですか。これ、総理でなきゃ答えられない。総理、お答えください。総理でなきゃ答えられない、総理でなきゃ答えられないですよ」

と、官僚に答弁させるのではなく、安倍首相自身の答弁を迫った。安倍首相は、

「桜を見る会については、各界において功績、功労のあった方々を各省庁からの意見等を踏まえ幅広く招待をしております。招待者については、内閣官房及び内閣府において最終的に取りまとめをしているものと承知をしております。**私は、主催者としての挨拶や招待者の接遇は行うのでありますが、招待者の取りまとめ等には関与していないわけであります**」

と、あたかも自分は招待者の人選には関与していないかのように答弁した。

これもやはり、このように言質を取っておいたことに意味がある。その後の野党の追及により、11月20日の参議院本会議では安倍首相は、

「**私自身も事務所から相談を受ければ、推薦者についての意見を言うこともありました**」

と、推薦プロセスへの関与を認めることになるからだ。

「招待者の取りまとめ等」には関与していないと答弁しておきながら、「推薦者について意見を言うこともありました」と後で説明を変える。そして、最初の説明も虚偽答弁ではないと言い張る。国会で政府側がいかに不誠実な答弁を繰り返しているかが、こうやってわかりやすく可視化されていったのが、「桜を見る会」問題の特徴だと言える。

●パート3

自分は招待者の人選には関与していないかのような安倍首相の答弁を得たうえで、パート3では田村議員はいよいよ、安倍首相本人の問題に切り込んでいく。**安倍事務所が後援会関係者に対し、「桜を見る会」への参加を募っていた**ことを明らかにしていくのだ。

まず紹介したのは下関市選出の**友田有**・山口県議会議員のブログ。「後援会女性部の7名の会員の方と同行」し、**「早朝7時30分にホテルを出発し貸切りバスで新宿御苑に向かい、到着するとすぐに安倍首相夫妻との写真撮影会」**があったとの内容を紹介し、安倍首相自身も後援会関係者を多数招待しているのではと問うが、安倍首相は萩生田大臣と同様に、

「例えば地元において自治会等々で、あるいはＰＴＡ等で役員をされている方々もおられるわけでございますから、当然そういう方々とこれは後援会に入っている方々がこれは重複することも当然あるわけでございまして、そういう中で招待されているものと承知をしております」

と答弁。このように「言い訳」をさせた上で、より核心に踏み込んでいった。

なお、この時点で、大塚官房長からは推薦者・招待者に関し、「一連の書類につきましては、保存期間一年未満の文書として終了後遅滞なく廃棄する取扱いとしている」との答弁を得ている。

この段階に至って初めて田村議員が紹介したのが、安倍首相の地元・下関市の後援会関係者の方にしんぶん赤旗日曜版が現地取材を行って得た証言だ。２０１９年の参加者の証言として、

「2月頃、下関市の**安倍事務所から**、**桜を見る会に行きませんかと案内が来た**、名前や住所などの必要事項を紙に書いて安倍事務所に送り返すと、内閣府から桜を見る会の招待状が届いた、**安倍政権になってから毎年参加している、下関からは毎年数百人が上京する**」

と紹介された。

安倍事務所が参加者を募り、内閣府から招待状が届くのであれば、安倍事務所が招待のプロセスに関与したことは否定しようがない。それに対し安倍首相は

「これは、先ほど赤旗の取材に私の後援者が答えたということは、私も寡聞にして存じ上げないいんですが。

そこで、今、もう既に申し上げておりますように、個別の方については、招待されたかを含め個人に関する情報であるため回答を差し控えさせているというのが従来からの政府の立場でございます」

と答弁する。

「赤旗の取材に私の後援者が答えたということは、私も寡聞にして存じ上げないいんですが」というのは、「そんなことするわけがないだろう」という印象を与えて、証言の信憑性を疑わせる作戦だったのかもしれない。しかし、実際に「しんぶん赤旗」日曜版は、現地取材で複数の方からそのような証言を得ていた。なぜそのような証言を得ることができたのかは、別の項で紹介したい。

●パート4

パート4は、ここまでのまとめだ。パート3の最後で、安倍首相の答弁に対し田村議員は、

「これね、開催要領の逸脱が疑われているんですよ。各界を代表する、功労、功績があった方を、府省がとりまとめて招待するんですよ。これ以外ないんですよ」

と指摘していた。開催要領に従えば功績、功労がある人が招待されるのが「桜を見る会」であるのに、証言によれば、安倍事務所が後援会関係者の参加を募っていたことのおかしさを指摘したのだ。その上で、ここで田村議員は次のように指摘した。

「これね、今、後ろ（野党議員）からもありました。税金を使った公的行事なんですよ（「そうだ！」）。誰でも参加できるわけじゃないんですよ（「そうだ！」）。だから、招待範囲も人数も、開催要領を閣議に配って、それで府省からの推薦で、功労、功績が 認められる方を招待するんですよ。

そしたらね、当然、それぞれの方にどのような功労、功績があるのか、これ、説明できなきゃおかしいですよ（「そうだ！」）。それが、桜を見る会なんじゃないんですか、総理。総理、お答えくださいよ。そういうものでしょ」

しかし、田村議員が安倍首相に答弁を求めているにもかかわらず、大塚官房長が手を挙げた模様で、金子原二郎予算委員長（当時）は「大塚官房長」と指名する。それに対し、田村智子議員は、「あなた（大塚官房長）、もういい、もういい、もういい。手、挙げないで」と強くそれを制し、安倍首相に答弁を求めた。

安倍首相は答弁に立ったが、

「先ほど来、答弁をさせていただいておりますようにですね、桜を見る会については、昭和27年以来、内閣総理大臣が、各界において功績、功労があった方々をお招きをし、日頃の労苦をですね、日頃の労苦を慰労するため、開催をしているものでございます。

で、先ほど来、申し上げておりますようにですね、個々の方々につきましてはですね、個人情報であるため、回答を控えさせていただいているということでございます」

と、あらかじめ**用意した答弁書に目を落として棒読みするのみで、まったく説明責任を果たそうとしなかった。**

そしてこれ以降、安倍首相も大塚官房長も、招待者については「個人に関する情報」や「セキュリティ」を理由として具体的な説明を拒否し、「功績、功労」というそれまでの説明の言葉は、口にしなくなった。

●パート5

パート5になると、田村議員はさらに踏み込み、「桜を見る会」の前日に毎年行われている「安倍晋三後援会」主催の前夜祭と税金を使った公的行事である「桜を見る会」が、後援会旅行の中で「セット」であったことを示していく。

ここで再び用いられるのは、しんぶん赤旗日曜版の若手記者らがネットから集めた情報だ。

藤井律子・山口県周南市長（当時は県議）の2018年5月4日のブログには、「今日は山口県からたくさんの人が来てくださっているわね〜。**10メートル歩いたら、山口県の人に出会うわよ！**」という**片山さつき議員の語り**が紹介されている。さらに前述の友田県議のブログには、前日の早朝に飛行機で上京し、夜には、ANAのインターコンチネンタルホテルの大広間において、下関市、長門市、そして山口県内外からの招待客約四百人による安倍首相夫婦を囲んだ盛大なパーティーがおこなわれ、翌朝7時30分にホテルを出発し貸し切りバスで新宿御苑に、と続いていたことが紹介される。吉田真次・下関市議会議員の2019年のブログにも同様の記載がある。

これらを紹介した上で、田村議員は安倍首相に、「桜を見る会は、安倍晋三後援会、桜を見る会前夜祭とセットで、総理が後援会や支援者、山口県の関係者のご苦労を慰労し親睦を深める、そういう行事になっているんじゃないですか」と問うた。

しかし安倍首相は「個々の個人名等々については、お答えは差し控えさせていただきたい」と答えるのみ。

そこで田村議員はさらに、大手メディアが把握して公表している「首相動静」を紹介する。この3年間は「桜を見る会」の前日には、ホテルニューオータニの宴会場で安倍晋三後援会、桜を見る会前夜祭に出席とあること、それ以前も、ホテルや名称は異なるものの、**必ず前日夜は後援会の方々と懇親会、宴会に安倍首相は夫婦で出席**していることを指摘する。

そして、防府市ライオンズクラブの会報への寄稿から、2019年の前夜祭の参加者は約850人で、翌朝に貸し切りバス17台で新宿御苑に移動していることが紹介され、前夜祭と「桜を見る会」がセットで安倍総理の後援会の一大行事になっていることを指摘した。

これに対し安倍首相は、前夜の懇親会に出席していることは事実と認めつつ、上京の費用は各自が負担し、「ホテルとの関係においても、それはホテルに直接払い込みをしている」と答弁している。これは**前夜祭の費用の記載が後援会事務所の報告書にないという政**

治資金規正法にかかわる問題となっていくのだが、その点はここでは省略する。

●パート6

パート6は最後のパートだ。前夜祭と「桜を見る会」が後援会関係者を招待するセットのプログラムであることを田村議員はさらに証拠をもとに指摘していく。ポイントは、開門前に後援会関係者が新宿御苑にバスで入り、安倍首相と写真撮影していたという事実だ。明らかな「特別扱い」と言える。

大手メディアが公表している「首相動静」によれば、2019年は、午前7時48分に安倍首相は夫妻で新宿御苑に到着し、7時49分に昭恵夫人と共に地元の後援会関係者らと写真撮影していること、毎年、午前8時前に地元後援会関係者らと写真撮影していることを指摘した上で、田村議員は、「桜を見る会」の開門および受付時間は午前8時30分だと指摘し、「まさに後援会活動そのものじゃないですか」と指摘する。

ここはぜひ映像をご確認いただきたいが（前述した2019年12月24日の国会パブリックビューイング緊急街頭上映の映像では42分18秒より）、**安倍首相は大塚官房長の方を4度にわたり指さして、答弁させようとする。**蓮舫議員ら野党の理事たちが「それはダメ」

と委員長席に駆け寄るが、先に大塚官房長が答弁してから安倍首相が答弁すると押し切る。

しかし大塚官房長の答弁は、桜を見る会の開園時間が午前8時半から午前10時30分の間の随時入園参観だというもの。全く答えになっていない。その上で安倍首相が答弁に立つが、

「招待者の、そのそれぞれの受付時間の対応に関するこの情報につきましては、これはセキュリティに関することであるため、回答を差し控えさせていただきたい」

と、「セキュリティ」を理由に答弁を拒否するものだった。なぜ安倍首相が後援会の関係者と一緒に写真を撮っているのかと問われても、

「これについては、どういう形で私が動くかということにも関わってまいりますので、セキュリティに関わることでございますので、回答を控えさせていただきたい」

と、またしても「セキュリティ」を理由に答弁を拒否した。

そのあとが見ものだ。田村議員はその「セキュリティ」という言い訳を、こう覆す。

「しんぶん赤旗の取材で、下関市の後援会の男性、到着すると、安倍事務所の秘書らがバスの座席を回って入場のための受付票を回収する、その秘書が受付を済ませ、参加者用のリボンを配る、まとめてのチェックインで手荷物検査はなかった。何がテロ対策を強めた

ですか」

「開門前に**手荷物検査もしないで大量に入ったら、それこそセキュリティ上の問題**じゃないですか」

なかなか痛快な展開だ。

質問時間の終わりが迫る中で、田村議員はこう質疑を締めくくっている。

「桜を見る会は参加費無料なんですよ。会場内でも無料で樽酒その他のアルコール、オードブルやお菓子、お土産を振る舞うんですよ。これを政治家が自分のお金でやったら明らかに公職選挙法違反。そういうことを、あなたは公的行事で、税金を利用して行っているんですよ。これだけの重大問題だと……まさにモラルハザードは安倍総理が起こしていると、このことを指摘して、質問を終わります」

いかがだろうか。冒頭に示したように、立憲民主党の枝野幸男代表が「党派を超えて、数年に一度の素晴らしい質疑だったと思います」と評したことも、納得いただけるだろう。

安倍首相らは「功績、功労」「名簿は廃棄」「個人に関する情報」「セキュリティ」等の説明によって田村議員の追及をかわそうという作戦だったのだろうが、田村議員は、**証**

拠・証言をつきつけることによって、安倍首相らが言い逃れに終始していることを浮き彫りにした。

この田村議員の質疑は２０１９年10月13日のしんぶん赤旗日曜版のスクープ記事の情報をもとにしたものだったが、そこで得られていたすべての情報を最初から提示して質疑を行ったわけではない。最初は萩生田大臣が後援会関係者を「お招き」していたことを問い、次に安倍首相に、自民党の中で招待者を割り振っていたのではないかと問い、「招待者の取りまとめ等には関与していない」という言質を得た上で、安倍事務所が参加者を募集していたという証言をつきつけていった。次第に外堀を埋めていく、組み立ての巧みな質疑だった。

この質疑の組み立ては、しんぶん赤旗日曜版の山本豊彦編集長によれば、田村議員が秘書や事務所スタッフらとよく議論をして準備したものだそうだ。安倍首相が出席する参議院の予算委員会であり、ＮＨＫのテレビ中継も入っていた。

山本編集長は、２０２０年1月6日の筆者との対談でこう語っている。

「やっぱり国会質問っていうのは、国民の前で、特に今回なんかテレビの中継をやっていましたから、きちんと今の安倍政権の実態を示すっていう非常に重要な国会議員の場なんで、特に国会質問っていうのは非常に準備して」

そして、その準備段階では、証拠・証言を集めるだけではなく、相手の出方を見通していかに質疑を組み立てるかということも重要だった。山本編集長はこう語る。

「国会質問をする際に、よーく準備をするっていうことはどういうことかというと、相手が必ず、まあ、こう言ったらこう反論してくるっていうのが、やっぱりこう、きちんとレクとか聞いてるとわかるんですよね。

だから、それを覆す材料を持って、質問する。よく、質問自身を準備しないと、いい材料があっても、なかなかうまくいかない、その辺が非常に大事なのかと」

「レク」とは、事前に官僚に関連質問をおこない、説明を求めることだ。国会答弁と同様に、官僚が率直に質問に答えるわけではないのだが、国会でもこう答えるだろう、ということが、そのレクによって予想できるようになる。それをもとに、質疑の組み立てを準備したということだ。

それによってこの質疑を聞く私たちは、だんだん真相が明かされていく面白さを味わうことができ、また、「功績、功労」や「個人に関する情報」「セキュリティ」といった説明が、いかに空疎で不誠実な説明であるかを聞きながら理解することができたわけだ。

以上、まずは２０１９年11月８日の参議院予算委員会における田村議員の30分にわたる質疑そのものの内容と組み立てを確認した。次項以降は、この質疑で紹介された参加者のブログなどのネット情報や現地の関係者の証言は、いかにして得られたのかを見ていきたい。

その際に重要なのは、後援会関係者が「桜を見る会」に大挙して参加していたということに、そもそもなぜ山本編集長が問題意識を持てたか、だ。

実は、「桜を見る会」の支出額と参加者数が膨張していたことは、２０１９年４月16日の東京新聞「こちら特報部」が取り上げており、その記事をもとに日本共産党の宮本徹議員が同年５月13日と５月21日に国会で質疑を行っている。同年の招待者名簿が廃棄されたのは、宮本議員が質疑に向けて資料要求を行った５月９日当日のことだった。

しかし、この４月と５月の段階では、「桜を見る会」への安倍首相の後援会関係者の大量招待という問題は、論点として浮かび上がってきていなかった。これは、山本編集長が、疑問を持ち、取材をしていく中で、つかんでいった論点だった。そのことを次項以降では紹介していきたい。

また、2020年1月6日の対談時には私は気づいていなかったことだが、安倍首相らは2019年11月8日の田村議員の質疑に臨む際に、当然、同年10月13日のしんぶん赤旗日曜版がスクープを打ったことは知っていたはずだ。質疑の場になって初めて、ネットの証拠や現地の証言が紹介されたわけではない。

にもかかわらず、質疑の最初の方では、「各界において功績、功労のあった方々を各省庁からの意見等を踏まえて幅広く招待しております」などと、安倍首相も萩生田文部科学大臣も大塚官房長も繰り返していた。それはなぜか。

山本編集長によれば、2019年10月13日にしんぶん赤旗日曜版がスクープを打ち、大手紙に「ぜひ、一緒にやろうよ」と呼びかけたにもかかわらず、なかなか大手紙は乗ってこず、どこも取り上げなかったという。

「今回はね、私たちはそれなりにこう、苦労して、それなりに渾身のスクープとして出したんですけれど、全く相手にされず、非常にがっくりきましてですね。だから官邸なんかも、あんまり各紙もやんないからと、あんまり危機感がなかったんですよね」

と山本編集長は対談で語った。

このように大手紙が後追いしなかったことから、官邸は緊張感を持っていなかったというのが、山本編集長の見立てだ。

つまりここには、なぜ大手紙はしんぶん赤旗日曜版のスクープを見ても問題意識を持てなかったのか、という問題が存在する。この点についても、次項以降で取り上げる。

実態を知らなかったからこそ立ち上がった問題意識

田村智子議員が2019年11月8日に「桜を見る会」についての30分の質疑を行った背景には、大きく見て次のような経緯がある。

●2019年4月16日　東京新聞「こちら特報部」が経費と参加者の増加を報じる
●5月9日　宮本徹議員が内閣府に資料要求→直後に内閣府は招待者名簿をシュレッダーで廃棄
●5月13日および21日　宮本徹議員が国会で質疑

●9月末　「桜を見る会」の概算要求が従来の3倍超に
●10月13日　しんぶん赤旗日曜版1面が安倍首相の後援会関係者の招待を報じる
●11月8日　田村智子議員が参議院予算委員会で安倍首相に質疑
※その後、11月11日に、野党合同の「桜を見る会」追及チーム発足。11月25日に「追及本部」に格上げ。

2019年5月13日の**宮本徹**議員（日本共産党）の質疑（衆議院決算行政監視委員会）は、同年4月16日の東京新聞「こちら特報部」の記事を見て問題意識を持ち、おこなわれたものだった。その質疑に向けて内閣府に名簿の資料要求をおこなったところ、その直後に名簿が廃棄され、これが今に至る名簿問題につながることとなる。

宮本議員は同年5月21日の衆議院財務金融委員会の質疑で、支出額と招待者数がどんどん増えており、**「虎ノ門ニュース」の出演者全員が招待されるなど、極めて不透明な基準で招待者が決められている**ことを問題とした。

それに対し、**井野靖久**内閣府大臣官房長（当時）は、**今年の資料も既に廃棄していると答弁。各省庁への推薦者数の割り振りについても、具体的な説明を拒んでいた。**

この質疑から同年10月13日のしんぶん赤旗日曜版のスクープ、そして同年11月8日の参議院予算委員会における田村智子議員の質疑まで、どのような経緯があったのだろうか。

当初、筆者は同年5月以降、しんぶん赤旗と日本共産党が、綿密に連絡を取り合いながら調査・取材を進めてきたのだろうかと思っていたのだが、同年12月24日に新宿駅西口地下広場で行った国会パブリックビューイングの街頭上映に田村議員をゲストとして迎え、お話を伺ったところ、

「赤旗が取材を長く、春ぐらいに問題になりましたから、それ以降赤旗は、いろんな形での取材を、ずっと調査をやっていまして、それが10月13日の（しんぶん赤旗日曜版の）新聞報道になって、私は実は、それを見てからこの実態がわかったものですから、質問をやるにあたっては、取材をした記者さんに私の（事務所の）部屋にも来てもらって、いろんな情報を教えてもらって、この質問に挑みました」

という発言があった（左記動画の49：21から）。
●字幕【田村智子議員ゲスト出演・緊急街頭上映】「#桜を見る会」ビフォー・アフター
国会パブリックビューイング　２０１９年12月24日（街頭上映用）（ＹｏｕＴｕｂｅ）
そこで、「しんぶん赤旗」日曜版の山本豊彦編集長に取材経緯を伺おうと思って２０２

0年1月6日の対談企画を立てたのだが、山本編集長も実は2019年5月の宮本議員の質疑ののちにただちに本格的な取材を開始したわけではなかったようだ。本格的に取材をしなければ、と思ったのは、同年9月末に概算要求がおこなわれ、その内容を知って「おかしい」と思ったことがきっかけだったという。

しかし、その「おかしい」は、同年5月の宮本議員の質疑を見ていて「おかしい」と思った問題意識を引き継いだものであった。詳しく見ていきたい。

2019年**5月21日の衆議院財務金融委員会の宮本徹議員の質疑では、麻生太郎財務大臣が答弁に立つ**場面がある。2020年1月6日の山本編集長との対談では、その質疑の内容を映像で確認した。左記の動画の16分30秒からをぜひ、ご覧いただきたい。

●「桜を見る会」質疑を支えたもの　山本豊彦（しんぶん赤旗日曜版編集長）・上西充子（国会パブリックビューイング代表）　国会パブリックビューイング（YouTube）

●**井野靖久内閣府大臣官房長**　各省庁からの（招待者の）数というものは、資料が残ってございません。

●宮本徹議員　各省庁からの資料は残っていないと。それは、破棄をあえてしたということなんでしょうかね。

一体全体、予算計上額とも違うお金をどんどんどんどん増やし続けているわけですよ。で、開催要項では1万人と。だけども、招待状はどんどん増えていて、その資料も残っていない、と。こんな説明、国民に対して通るはずがないと思いますよ。

大臣、ちょっと、こんな説明、とても納得できないと思いますが、麻生大臣、いかがですか、予算の執行のあり方として。

●麻生太郎財務大臣　これは、財務省の話というより、執行されている役所はどこですか？　内閣府？（宮本議員が「内閣府です」と答える）じゃあ、内閣府に聞かれたほうがいいんじゃないですか。

●宮本議員　いや、予算をつけているのはですね。財務省がつけた予算以上のものを内閣府が出しているわけですよ。財務省の査定が、なめられているという話じゃないですか。財務省が認めた予算と全然違う使われ方をしている、と。これは「内閣府に聞いてくれ」という話じゃ、私はないと思いますよ。

大臣もそこはアンタッチャブルにしなきゃいけないのかな、と。そういう話なのかというふうに私も思ってしまいますけれども、私、これね、今年のリストは少なくともあるはずだと思いますよ。どの省庁から推薦が何人あったのかというのは残っているはずだと思いますよ。それも、もう破棄しちゃったんですか。

●井野大臣官房長　「桜を見る会」に関しますこうした資料につきましては、1年未満の文書というふうに整理させていただいておりまして、今年の資料につきましても、もう既に開催が終わりましたので破棄させていただいております。

●宮本議員　とんでもない話ですよ。これはちょっと、私、きょうは会計検査院を呼んでいないですけれども、会計検査院にもお願いしなきゃいけないような話じゃないですか。予算と全く違う支出を行って、その書類は、メディアに取り上げられたからかどうか知らないですけれども、恐らく、過去にさかのぼって全部破棄したことにしよう、そういうふうにしているとしか私はとても思えないですよ。

振り返ってみれば、ここで**宮本議員は、今日に至る問題を指摘している**。ただし、追及する宮本議員の側に、名簿は廃棄したとする政府側の答弁に対抗するだけの有力な証拠や証言がなかった。ここが、同年11月8日の田村議員の質疑と異なる点だ。

それはともかくとして、山本編集長はこの質疑を当時、見ていたという。そして、こんな疑問を持ったという。

●**山本**　この質疑を私も見てて、**やっぱり非常におかしいな**と思っていて。財務省っていうのは、予算は非常に厳しいんですよね。で、それが、この間、予算の3倍の支出をして、それを宮本議員に指摘されて、本来ならば財務省がそれはおかしいって言うべきなのを、「いや、それは内閣府に聞いてくれ」と。で、**「アンタッチャブルなんですか」っていう。で、そこで何も言わないと**。で、やっぱりそこは、アンタッチャブルだったんですよね。

だから、やっぱりそういうのを見て、**「何か、これはあるな」**と言って、まあ取材を始めようかなという気になったんですね。

この宮本議員と麻生大臣のやり取りの際、映像で確認すると、麻生大臣の隣に座っている**上野賢一郎財務副大臣**（**当時・自民党**）が、麻生大臣が答弁を終えて席に戻るときに、**宮本議員の質疑に対してあざ笑うような笑い方をしている**のが確認できる。麻生大臣が

「内閣府に聞かれた方がいいんじゃないですか」と答えたのと呼応して、「まったく、お門違いな質問をする人ですねえ」という感じの笑い方だ。

P264でも、萩生田文部科学大臣が田村議員から、桜を見る会に常任幹事会の方を「お招き」していた件について問われたときに、

「常任幹事の中に（笑）、そういう各種団体の長の方がいらっしゃって、その方たちがお招きをされたと承知をしております。まあ私が主催者じゃないのに何かお招きしたというのはちょっと僭越な言い回しだなと思います」

と、「何を難癖をつけているんだ」と言わんばかりの笑いを交えたことを紹介したが、それと同種の笑い方だ。

そういう笑い方をして野党議員の追及を全く見当違いな追及であるかのように見せる、そして、麻生大臣が財務大臣であるにもかかわらず、予算の3倍の支出を問われてもまともに答弁しない、そういう様子を見ていて、山本編集長は**「非常におかしいな」「何かこれはあるな」**と思ったのだろう。

実際の国会質疑のやり取りを見ているからこそ、感じられた違和感。それを大事にしたことが、このコメントからうかがわれる。

とはいえ、本格的な取材・調査に山本編集長らが乗り出したのは、２０１９年9月末以降のようだ。もう一つ、「おかしいな」と感じる出来事があったからだ。それは、「桜を見る会」の支出実態に合わせた２０２０年度の概算要求だ。

２０１９年11月8日の参議院予算委員会で田村議員が質疑のパネルで示したように、「桜を見る会」は、予算が毎年一定であるにもかかわらず、それを大幅に超えた支出額があり、それが年々増え続け、２０１９年には予算の3倍を超えていた。その支出額の増加をP２８３で紹介したように5月21日に宮本議員は指摘したのだが、その指摘に対して開き直るかのように、概算要求では、２０１９年の支出額を上回り、従来の予算額の3倍を超える５７２８万８０００円が要求されたのだ。

この概算要求の額を見て、山本編集長はさらに「ますます、これはおかしい」と思ったという。山本編集長の語りはこうだ。

●上西　この5月の段階で、虎ノ門ニュースの方々とかっていうので、選考基準が不明だというところから、（今度は）後援会に注目をしたっていうのは、すごくいい着眼点だったと思うんですけれども、なぜ国会議員が招いているとか、後援会関係者の方のブログに注目されたんですか。

●**山本**　宮本議員の質問のときに、参加者だとか予算の3倍に経費が増えてという問題が出たんですけど、その答えが「結果的に増えた」というだけで、中身がわかんないんですよね。

●**上西**　「お答えを差し控える」と。

●**山本**　それで、財務大臣もそれについて苦笑いするだけで何も言わないと。で、**「これおかしいぞ」**と思ってたら、9月末に、2020年度の概算要求が出たんですけど、それが、（2019年は）予算の3倍使ったって言われたんで、概算要求で予算を3倍に上げたんですよね。

●**上西**　実態に合わせた。

●**山本**　実態に合わせた。で、**「ますますこれはおかしいな」**ということで、この問題をちょっと本格的に調べようと。

本格的に調べようと思ったときに、山本編集長は、自民党の関係者に取材を行った。そこで聞いた話に、山本編集長は驚く。

●**山本**　それ（取材）はだいたい、10月のこれ（10月13日のスクープ）が、だいたい（概算要求のあった）９月末、２週間ぐらいやってきたんですけれど。実は、ある自民党の議員のところに取材に行きましたら、「確かに自分とこもね、行ってるよ」と。ただ、「自分のところなんか、まあ何人かだ」と。**「安倍さんなんかは、前夜祭までやってんだよ。知ってんだろ？」**って言われて、こっちは全然知らないわけですよ。「えっ、そんなことやってんですか」と。「いやいや、すごいよ」と。「何百人って呼んでやってんだよ」と言うんで、「えっ、そうなんですか」っていうんで、「あ、そうか」と。「安倍さんは、そんなに呼んでるのか」っていうのに気づいて。

●**上西**　それで、**「いや、そんなことは誰でも知ってるよ」**って言うんです。確かに……。

大手紙の記者なんかはね、当然、知っているわけですよね。

●**山本**　そうです。知ってるし、なんでかっていうと、「首相動静」っていうのがあるじゃないですか。毎日、安倍首相がどうしましたかと。そうすると今年についても、安倍晋三後援会主催の「桜を見る会」前夜祭がありましたよ、と。で、首相が出ましたよ、とか、あるいは「桜を見る会」の当日に首相が行って……。

●**上西**　後援会の方とね。

●山本　ええ。写真を撮って。そういうのは、きちんと載ってるわけですよ。で、私たちは残念ながら招待されてないんで、知らなかったんですが、「あ、こんなこと、やってんだ」と。で、過去のものを見たら、全部、載ってるんですよ。それで、「あ、どうも、自民党枠もあるんだけど、安倍首相がそもそもなんだ、と。自分が私物化してんじゃないか」ということで、安倍首相の私物化として、これは取材をやろうというふうに決めて、取材をやり始めたんですね。

この山本編集長の語りが非常に興味深い。山本編集長は、「桜を見る会」に安倍首相の後援会関係者が多数参加しているということを知らなかった。前夜祭がセットで行われているということも知らなかった。だからこそ、「えっ、そんなことやってんですか」という驚きがあった。それに対し、**取材を受けた自民党議員は、「そんなことは誰でも知ってるよ」と答えていた。**

確かにそうなのだ。「桜を見る会」の様子はテレビでも新聞でも、映像や写真つきで紹介されてきたし、首相官邸ホームページでも安倍首相の挨拶の場面も含めて映像が公開されている。大手メディアが把握して公表している「首相動静」にも、前夜祭への参加のことも、「桜を見る会」で安倍首相夫妻が後援会関係者と写真撮影していることも載っている。

大手メディアは実態を知っていた。しかし、問題視せずに来た。

山本編集長は違った。**知らなかったがゆえに、驚きを持って受け止めた。そして、これは安倍政権による「私物化」の問題だと捉え、報じるべき問題だと捉えた。**そこから、しんぶん赤旗日曜版の若手記者も含めた取材・調査チームが立ち上がっていった。

山本編集長の語りを引き続き紹介しよう。

●**山本**　なんで結果としてこんなに（支出額と招待者が）増えたのかって言って、いろいろ自民党の関係者とかに聞いたら、どうも自民党議員の枠があるというのがわかってきまして、それでその中で、「あ、本当に枠があるのか」と。まぁ、何人か取材したら、どうも枠があると。

それで、私なんかは古典的な記者なんで、自民党の関係者に聞いてるんですけれど、うちにも結構、若い記者で、インターネットなんかに強い記者がいて、「どうも自民党、枠があるようだよ」と言ったら、ただちにブログとかフェイスブックとかを調べ始めるんです。

そうすると、皆さんが、「行ったよ」とか、萩生田さんみたいに「僭越ながら」と言いながら「お招きした」とか。

要するにみんな、どうもこれは、悪いことじゃないと思っているのか、結構、正直に書いているんです。それが、若い記者なんかが調べたので、どんどん集まってきて、「あ、これはどうも自民党が、組織的に枠を作ってやってるんだ」ということがわかったんですよね。

だから、そこから見えてきたのは、どうも自民党が、税金でやっている公的行事のはずの「桜を見る会」を、どうも後援会員を行かせるという、私物化をしているという実態が見えてきました。

で、こういう私物化ってのは、森友とか加計と同じような構図なんですけど、違うのは、要するに森友とか加計っていうのはやっぱり、秘密を知ってる人っていうのはごく少数なんですよ。でも「桜を見る会」は、結構みんな行ってるから、それでみんな、ブログとかに書いている。だから、関係者が多数いるっていうのが、圧倒的に森友・加計と違う点なのかなというふうに思ってます。

自民党の議員が後援会関係者を招待することを、議員も後援会関係者も悪いことと思っていないため、ネットの情報は掘り起こすとたくさん集まった。「私物化」というキーワードで取材を進める方針を決めた山本編集長と、ネットの検索に長けた若手記者が、うまくチームワークで取材を進めていった様子がうかがえる。

山本編集長も、ネット検索という手法の必要性をこう語っている。

●上西　ネットをちゃんと発掘できる若い人たちがいたっていうのも強みですよね。

●山本　そうですね。そこはもう、ちょっと私なんか、なかなか難しいんですけど、そういう、なんていうのかな、ある意味じゃ、いろんなこういう取材の手法っていうのを、今は、使わなくちゃいけないなぁと思って。

そういうブログだとかフェイスブックで、そういうのを発見して、しかも、また後で出てくるかもしれないですけど、安倍昭恵さんの枠みたいなのもあったんです。これなんかも、フェイスブックをたどってやるとか、本当にそれはもう、ちょっと私は、なかなか説明はできないんですけど、そういう手法で積み重ねをやっていってますね。

ネット情報を集めた上で、山本編集長らのチームは、安倍首相の地元の山口県に現地調査に出向くことにした。

のちに山本編集長らは、安倍事務所による「『桜を見る会』のご案内」という文書を入手することになるのだが、2019年10月13日の日曜版スクープの段階、そして同年11月8日の田村議員の質疑の段階では、この文書は入手できておらず、集めた証言をもとに記事を書き、質疑に臨んだという。

11月8日の田村議員の質疑において、「安倍事務所に申し込んだら内閣府から招待状が来たという証言を、複数の方から得ている」との指摘に対し、安倍首相は、「赤旗の取材に、私の後援者が答えたということは、私も寡聞にして存じ上げないんですが」と笑いながら答弁していた。

では、後援会の方々の証言をしんぶん赤旗の記者が得ることに、困難はなかったのだろうか。その点を尋ねたのが以下だ。

●上西　実際、聞いて取材したわけですよね。

●山本　そうですね。

●上西　それは、向こうは、警戒心を持ったりとかしないんでしょうか。

●山本　まあ、安倍後援会の方も自民党のほかの先生と同じように、ブログなんかで行ったっていうことを書いていて、まあ基本的には「ああ、なるほど」という確証ができたんですけど、やっぱり同時に、まあ、一国の総理を、疑惑を追及するには、証言も取らないとダメなんで、だいたい複数、延べ４、５人の記者で２週間くらい、地元に入りまして、なかなか、総理の地元なんで、赤旗の記者が行って、すぐに「そうですよ」というふうに答えるわけでもなく、なかなか最初は大変でした。

　ただ、地元山口にも共産党の市議さんだとか県議さんとかいう方もおられまして、そういう方っていうのは、安倍さんの後援会なんかにも、いろんなつながりなんかもあったんですよね。

●上西　地域の中での、ね。

●山本　そうですね。そういう方の力もありまして、重い口がなかなか今まで、我々だけじゃ難しかったのが、しゃべる方も出てくるようになって、同時に、記事にも書いたんですけど、皆さん、後援会行事だって思っている人も、いっぱいいたんです。

●**上西**　お金も払っているしね。旅行代金を払っているので。

●**山本**　でまあ、最初の関門がちょっと取れると、「いやいや、行ったわよ」「毎年、私、行ってるわよ」「ちゃんとお金も払ってるし、後援会の行事で楽しいわよ」というふうに、結構、話してくれるような方も出てきまして。

そういう意味でいうと、前も言いましたけれど、関係者が圧倒的に、安倍さんとこで言うと、８００人近くが、毎年行っているわけだから、行ったことある人は、山ほどいるんですね。

あとやっぱり、それぞれが、悪いと思ってないんで、結構、しゃべってくれるという中で、いろんな証言が取れて、それが田村さんの質疑に結び付いた。

ここも興味深い。やはり、総理の地元の後援会関係者が、しんぶん赤旗の取材にすんなり答えてくれるわけではなかったようだ。しかし、山口県の日本共産党の市議や県議に、安倍首相の後援会の方とのつながりがあり、それらの方の力があって証言が取れたという。日本共産党は、国会議員の数はさほど多くないが、各地に地方議員がおり、彼らを支える党員がいる。そういう地方議員の厚みが、しんぶん赤旗の取材時に活かされたということだろう。また、購読料で支えられている機関紙・しんぶん赤旗だからこそ、時間をかけて一つの問題を集中的に調査・取材することができ、地方議員の協力も得られた、とも見ることができる。

２０２０年１月６日の山本編集長との対談の中では、国会議員の質疑はその議員本人の準備の力だけによるものではなく、様々な人の力によって支えられていることを、次のような一覧表を作って示してみた。

【国会議員の質疑を支える情報収集】

（１）議員による官僚への資料請求やレク（説明）要求
（２）野党合同ヒアリング
（３）国会図書館調査員
（４）委員会調査室調査員
（５）議員による現地調査などの独自調査
（６）秘書

（7）地方議員
（8）関係者、労働団体、専門家
（9）しんぶん赤旗
（10）その他

このうち、（7）の**地方議員が、今回の証言を集めるにあたって、「しんぶん赤旗」の記者と安倍首相の後援会関係者をつなぐ重要な役割を果たしたと言える。**

また、（9）に挙げた「しんぶん赤旗」のように、党として独自の報道機関を持ち、調査や取材ができる記者を多数抱えていることは、日本共産党の議員の活動を大きく支えているると言えるだろう。なお、（10）のその他としては、**内部告発も結構ある**、とのことだった。

●**山本**　あとは、内部告発なんかも、共産党の議員には寄せられるケースも結構ありまして、これまでもいろんな防衛省がらみのことなんかも、結構やってますね。やっぱり、一つはまあ、そういうことを委ねて安心……。

●**上西**　自分の身を守りつつ……。

●**山本**　そうですね。守りつつ、きちんとやってくれると。で、しかも、きちんとそれを握りつぶさないと。しかも、ちゃんと角度がわかって、鋭くやってくれるという、多分、信頼だと思うんですけど、やっぱりそれは、赤旗なんかにも、内部告発っていうのは寄せられますね。

内部告発者を守る。情報を握りつぶさない。その情報の重要度がわかった上で、鋭く切り込んでくれる。そういう信頼があってこそ、内部告発が寄せられるということだろう。

話を戻そう。山本編集長らが現地で証言を集めていくと、前夜祭や東京観光と「桜を見る会」が一体となって参加募集されており、貸し切りバスを連ねてホテルから会場の新宿御苑へと出向いていたこと、そして後援会旅行の目玉が「桜を見る会」であったことが見えてきた。

それは山本編集長にとって、「すごいことになってきたぞ」という、その後の展開を予感させるようなものであったようだ。

●山本　証言の中で、安倍事務所から参加の問い合わせがあって、それで、安倍事務所に申し込むことによって、後から（招待状が）内閣府から送られてくるというのを、最初、聞いたときはですね、「えっ、そんなことがあるのか」と。

一応、内閣府主催の行事じゃないですか。その参加申し込みの窓口が安倍事務所になっているっていうのは、にわかにちょっと信じられなくて、「いやいや、もうちょっとそれは、取材して、一人だけじゃダメだ」と言って、何人も取材をしていって、それが、異口同音に皆さん、そう言うんですね。で、それは絶対にペーパーが残っているはずだからと、それも探したんですけれど、残念ながら、皆さん、ファックスとかで事務所に送るんですよね。だから「自分の手元にはない」というふうに言われていて、それで、ペーパーまでは手に入らなかったんだけれど、どうも間違いなく窓口は安倍事務所になっている。

ということで、「あ、これはちょっと、すごいことになってきたぞ」ということがわかってきて。しかもそれが、後援会旅行っていうことで、例えば、行くのは宇部の空港から、飛行機でみんなで行って、降りると貸し切りバスで、それで都内のいろんなツアーをやって、で、その夜は前夜祭と。次の日は、ホテル前からバスで十何台で行く、という全体の構図がわかってきたんで、「なんだ」と、これは。後援会旅行の目玉が、「桜を見る会」だという。

●上西 セットだっていうね。田村議員も言ってましたね。

●山本 そのへんがわかってきました。まあ、非常に驚きましたよね、実態は。

Ｐ２９２で、**「安倍首相の私物化」として、「桜を見る会」の取材をやろうと決めた、**という山本編集長の語りを紹介した。「桜を見る会」の支出と参加者の膨張を「私物化」という観点で捉えたこと、そしてそれが、森友・加計問題とも共通する安倍政権の本質であると見極めたこと、そこに山本編集長の着眼点の確かさがある。

それは、漫然と「桜を見る会」を取材しているだけでは、見えてこないことだ。また、大手紙の政治部の記者らにとっては、それは驚きを持って受け止めることができず、自明視されていることであったかもしれない。山本編集長は語る。

●上西 大手メディアはなんで、「桜を見る会」を取材をしていたのに、本質的な問いを立てられなかったのかと。「こんなことやってていいんですか」っていう問いは立ってなかったんでしょうか。

●山本　前、田中角栄元首相の金脈問題が出たときに、この問題も結構、私たちの先輩の赤旗記者とか、あと週刊誌なんかが発掘して問題になったんですけど、そのときに、特に政治部の記者なんですけど、大手紙の、「まあ、こんなことはもう知ってるよ」と。「角栄さんが、カネに汚いことは」って言ったんですけど、やっぱりそういう感覚っていうのは、まだ残ってるのかなと。

たぶん、安倍さんなんかについても、「安倍さんがそうやって私物化しているのはまぁ知っているよ」と、まあそりゃ、皆さん前夜祭だとか、あるいは「桜を見る会」自身も行っているので、ただやっぱりそこで、その私物化っていうのが、安倍政権の手法のひとつの本質、森友・加計、これだけじゃなくて、例えば憲法なんかを見ても、歴代自民党政権でさえ集団的自衛権は行使できないと言っていたのを、閣議決定だけで、それができるようにすると。

まぁ、これはある意味で言うと、憲法の私物化ですから。やっぱり私物化っていうのが、安倍政権のひとつの本質だっていうところを、きちんと見抜くかどうかってのは、非常に大きいいんじゃないかな、というふうに思います。

●上西　そう。だから、政治部の記者は「もう、そんなの知ってるよ」かもしれないけれども、国民は知ってて納得して支持しているわけではないんですよね。安倍政権を、ね。だから、そこを改めて掘り起こしてみて、「それでも支持するのか」っていうふうになると、そこは変わってくると思うんですよね。

ここでぜひ、大手紙の政治部の記者たちに問いたい。あなたたちには、このような「桜を見る会」の実態は「もう、知ってるよ」という話であったのか。そしてそれは、国民に改めて知らせる必要がない実態だと思っていたのか。だとしたら、それはなぜか。2019年10月13日に「しんぶん赤旗」日曜版がスクープを打ったあとで、山本編集長は大手紙に「ぜひ、一緒にやろうよ」と呼びかけたが、反応は鈍かったという。

●山本　実はそれはですね、ウチの新聞が出てすぐは、あんまり官邸だとかいうのは、危機感を持ってなかったんですよね。

●上西　10月13日の段階では。

●山本　そうです。なんでかってというと、そのあと、いろんな人に、「ぜひ一緒にやろうよ」って私も言ったんですけれど、なかなか大手紙も乗ってこなくて、どこも取り上げない。

●上西　ほかの新聞が。だから、そのへんが不思議というか、ある社が取り上げたものを、他の社が後追いをするのってなんか、やっちゃいけないっていうか。やるもんじゃないみたいな雰囲気がありますよね。

●山本　まあでも、そんなこともなくて、今は結構、非常に大事な問題だったら、私たちもやるし、他の新聞もやるんですけれども、今回はね、私たちはそれなりにこう、苦労して、それなりに渾身のスクープとして出したんですけれど、全く相手にされず、非常にがっくりきましてですね。
だから官邸なんかも、あんまり各紙もやんないからと、あんまり危機感がなかったんですよね。

なぜ大手紙は後追いしなかったのか。それは、なぜ大手紙は毎年の「桜を見る会」を取材していながら、その実態を山本編集長のように驚きを持って受け止めることができなかったか、ということと通底する問題だろう。

山本編集長によれば、２０１９年10月13日のしんぶん赤旗日曜版のスクープだけでなく、同年11月8日の田村智子議員の国会質疑に対しても、大手紙の反応は当初、鈍かったという。

次項では、その大手紙の反応に注目していきたい。また**大手紙が反応していく上では、実はツイッター上での市民の反応が重要であった**という点にも、触れていきたい。

赤旗日曜版のスクープを追いかけなかった大手紙

前項で書いたように、「しんぶん赤旗」日曜版・山本豊彦編集長に２０２０年1月6日に伺ったお話では、「桜を見る会」についての２０１９年10月13日の日曜版スクープは、**「渾身のスクープ」であったのにもかかわらず、声をかけても協力して追いかけるメディアがなく、非常にがっくりきた**ということだった。

実際にそうであったのか、確認しておこう。

P279で短く触れたように、2019年5月9日に宮本徹議員が「桜を見る会」について内閣府に資料請求を行い、5月13日と21日に国会質疑を行ったきっかけは、同年4月16日の東京新聞「こちら特報部」の記事だった。

4月16日のその東京新聞の記事の見出しは、「**『桜を見る会』何のためか…**」「与党の推薦者多く◆経費は税金　近年増加」「ネトウヨのアイドル？　いっぱい」というもの。各界で功績や功労があった人たちをねぎらうという本来の趣旨を離れて、安倍晋三首相（当時）が「お友だち」を呼んでいること、税金で賄うその費用が大幅に増加していること、招待者の氏名が公表されていないことなどに触れていた。

「内閣府によると、関係省庁が各界各層から推薦する以外に、与党の推薦者もおり、人数は与党絡みの方が多いという」という記述もあり、当時は内閣府も口を閉ざしてはいなかったようだ。与党議員の推薦者がいることにも触れられている。ただし、この記事では、後援会関係者が招待されているという点には触れられていない。

この2019年4月16日の東京新聞の記事から同年10月13日の「しんぶん赤旗日曜版」のスクープを経て11月8日の田村智子議員の質疑に至るまでに、「桜を見る会」について毎日新聞と朝日新聞で記事が出ていたかを調べてみると、**毎日新聞は２本、朝日新聞は４本**の記事がヒットした（毎日新聞については「毎索」、朝日新聞については「聞蔵Ⅱ」のデータベースを使用。本社の朝刊と夕刊を対象とした）。

毎日新聞の同年７月３日の夕刊「特集ワイド」は、**「首相インスタに登場　ＴＯＫＩＯ、吉本新喜劇……　気になる権力者と芸能人の距離」**という３００１文字の記事。若年層に向けたイメージ戦略が芸能人の大量招待の背景にあるという趣旨の記事だ。与党議員の推薦枠や後援会関係者の招待には触れていない。

毎日新聞の10月11日朝刊は**「桜を見る会『税金私物化の疑い』　志位・共産委員長」**という１５８文字の短い記事。日本共産党の志位和夫委員長が、10月10日の記者会見で、「桜を見る会」に安倍首相（当時）の地元後援会関係者が多数招待されていると指摘したことを伝えている。

この記者会見はおそらく、10月13日の日曜版スクープと呼応したものだろう。しかし、毎日新聞はこの記者会見の様子を短く伝えたのみで、日曜版スクープの内容を後追いすることはしなかった。

朝日新聞も見ておこう。２０１９年７月３日朝刊**「若者狙う、首相のＳＮＳ術　芸能人**

と自撮り/人気のハッシュタグ」は、自民党の若者取り込み戦略を取り上げた記事で、「桜を見る会」の写真が使われている。本文には「桜を見る会」への言及はない。

10月16日の朝刊**「『桜を見る会、意義ある』答弁書閣議決定　予算要求3倍、5700万円に」**は425文字の記事。2020年度予算の概算要求が例年の予算の3倍以上となったことを受けた初鹿明博議員の質問主意書に対して、政府が10月15日に答弁書を閣議決定したことを報じたものだ。

すでに紹介したように、しんぶん赤旗日曜版の山本編集長は、**この概算要求の額を見て「ますます、これはおかしい」と思い、本格的な取材をそこから始めた**とのことだったが、朝日新聞は山本編集長と同様に問題意識を持ったのであろう初鹿議員の質問主意書に対する答弁書の閣議決定を報じるにとどまった。

10月24日朝刊には「桜を見る会、巨額の予算に驚き」との声欄の投書。10月24日の夕刊の短いコラム「素粒子」には、「首相が催す『桜を見る会』への公金支出に批判続々」との記述があるが、その公金支出は朝日新聞では、若者の取り込み戦略という文脈を超えては報じられていなかった。

毎日新聞と朝日新聞の紙面を見る限りでは、「今回はね、私たちはそれなりにこう、苦労して、それなりに渾身のスクープとして出したんですけれど、全く相手にされず、非常にがっくりきまして」という山本編集長の落胆ぶりは、確かに実態に即していたようだ。

さらに、2019年11月8日の参議院予算委員会で田村議員が、同年10月13日のしんぶん赤旗日曜版のスクープをもとに、与党議員や安倍事務所による後援会関係者の「桜を見る会」への大量招待を取り上げたあとでも、この質疑そのものの大手紙の紙面での扱いは小さなものだった。

山本編集長は、2020年1月6日の筆者との対談の中で、

「そもそも、もともとウチが10月13日に（スクープを）やったときも、全然、どこも追っかけず、大手紙は追っかけてくれず、田村議員が（11月8日の質疑を）やって、これはかなり話題になるかなと思うと、あまりならず……」

と振り返っていた。

ここでも毎日新聞と朝日新聞の朝刊・夕刊記事を確認しておこう。

毎日新聞は2019年11月9日の朝刊に「**桜を見る会『後援会優遇』指摘　各界功労者を招待　首相『関与していない』**」との542文字の記事を掲載している。大学入学共通

テストに関する写真入りの記事の脇で、目立たない扱いだ。

「『後援会優遇』指摘」と田村議員の指摘の核心が見出しになっているが、同時に「各界功労者を招待　首相『関与していない』」も見出しとなっており、**野党の指摘を首相が否定した、と読める扱い**だ。

「首相は『内閣官房と内閣府が最終的に招待者の取りまとめをしている。私は主催者としてあいさつや接遇は行うが、取りまとめには関与していない』と強調」と、**安倍首相の言い分がそのまま記されている。**

実際の質疑を見ていれば、**安倍事務所が後援会関係者の参加を募っていたことが証言によって指摘され、それに対して安倍首相がまともに反論できなかったことがわかる**と思うのだが、その点には触れられていない。

安倍首相がこう答弁した、という報じ方は、政治部の記事としてはスタンダードなスタイルなのだろうが、このやり方だと、政権側の「言ったもん勝ち」を許してしまう。「関与していない」「指示していない」「全く問題ない」などと安倍首相や菅義偉官房長官（当時）らが言えば、それをそのまま報じればよいのか、という問題がここにある。

毎日新聞紙面に、「桜を見る会」が次に登場するのは、その三日後の11月12日になってからのことだ。

朝日新聞の田村議員の質疑への反応も同様に小さなものだった。２０１９年11月９日の朝刊の記事「『**親睦に利用**』、**野党が批判　首相主催『桜を見る会』**」は、４５４文字の記事。やはり、民間英語試験問題が大きく取り上げられた下の、小さな扱いだ。

安倍首相の地元事務所から参加案内が届けられたとの田村議員の指摘に対して安倍首相が「個人に関する情報で回答を差し控える」と繰り返したことが報じられており、毎日新聞の記事とは受ける印象が違う。しかし、記事としては目立たない。次に朝日新聞が「桜を見る会」を紙面記事に取り上げるのは、毎日新聞と同じく、３日後の11月12日だ。

つまり、田村議員の質疑は、それだけでは、紙面で大きく取り上げるに値するニュースだとは、毎日新聞も朝日新聞も判断しなかったということだ。

田村議員の質疑があったのは、11月８日の金曜日。週明けの11月11日（月）の菅義偉官房長官（当時）の記者会見では、午前も午後も、「桜を見る会」についての質問が相次いだという（毎日新聞「桜を見る会」取材班『汚れた桜』による）。

つまり大手紙の政治部の記者たちは、田村議員の質疑そのものをニュースとして大きく取り上げるのではなく、その質疑で取り上げられた論点を菅官房長官の記者会見で問うことにしたのだろう。それは慎重で堅実な手法だったのかもしれないが、菅官房長官は、何も問題がないかのような受け答えを続けていた。
この11月11日に日本共産党を含む野党が「桜を見る会」追及チームを結成（のちに「追及本部」に格上げ）。翌11月12日より、追及チームによる野党合同ヒアリングが始まる。その翌日の11月13日には菅官房長官が突然、記者会見で２０２０年の「桜を見る会」の中止を発表。この頃から、紙面記事は増えていった。

しかし後述するように、毎日新聞のデジタル記事配信に特化した組織である統合デジタル取材センターは、紙面の対応よりも早く、11月９日（土）の夜には田村議員の質疑を詳しく紹介したデジタル記事を配信していた。

なぜ大手紙は、「桜を見る会」を後援会行事として利用してきた安倍首相のおこないに問題意識を持てなかったのだろうか。しんぶん赤旗日曜版が２０１９年10月13日にスクープを打っても反応せず、田村議員の質疑についても、そのものとしては大きく取り上げなかったのはなぜだろうか。

「桜を見る会」について、論点を追及していけばいくほど問題が広がっていったあとで、東京新聞、毎日新聞、朝日新聞にはそれぞれ「反省の弁」が掲載された。何が書かれていたか、見ておこう。

東京新聞は前述の通り、２０１９年４月16日の段階で「こちら特報部」で「桜を見る会」の支出と参加者の増加を問題視し、内閣府に取材もおこなって与党の推薦者が多いことまでつかんでいた。しかし、それを続報で深めることがなかった。その点について、同年12月19日の朝刊の「桜を見る会　疑惑　忘れてはならぬ」というコラム（「特別報道部編集局　南端日誌」・**特報部長・田原牧**）には、次のような率直な言葉が記されている。

〝この話は４月16日に特報部が取り上げ、それを読んでいた宮本徹議員（共産）らが追及を始めた。ところが、私をはじめ特報部員たちは臨時国会で騒動になるまで、その記事について忘れかけていたのである。

お恥ずかしい限りだが、少人数であらゆる問題を追いかけているという楽屋事情をお察し願いたい。ただ４月のその日、担当デスクが数あるニュースの中からこのテーマを選んだことには理由がある。それはその催しに現政権の腐臭の源を感じたからだ。〟

東京新聞「こちら特報部」には、しんぶん赤旗日曜版の山本編集長と同様の問題意識があった。しかし、追及を深める体制がなかった。あるいは、そのような体制を整えなかった。赤旗日曜版は若手記者も含めて本格的に追及する体制を整えて、10月13日のスクープに至った。

毎日新聞はどうか。2019年12月14日に行われた「開かれた新聞委員会」の様子を伝える2020年1月4日朝刊記事「開かれた新聞委員会　2020　座談会（その2止）政権の緩み、『桜』が象徴」では、**高塚保政治部長**がこう発言している。

〝参院選後の臨時国会を迎えるにあたり内閣改造が行われましたが、2閣僚の辞任、文部科学相の「身の丈発言」に伴う大学入試での英語の民間試験導入延期など長期政権に緩みが出ている中で「桜を見る会」の問題が噴出しました。11月8日の参院予算委員会での共産党議員の質問で火がついたのですが、この質疑については翌日の朝刊記事でその面白さを伝えきれませんでした。〟

朝日新聞も見ておこう。2020年1月8日の「(取材考記)共産・田村議員の『桜を見る会』追及　違和感見逃すな、取材の基礎　小林豪」では、**政治部の小林豪**氏が田村議員へのインタビューを振り返りながら、こう記している。

〝インタビューは質問から約10日後。田村氏は「会そのものの私物化をわかりやすく描くことに集中した」と述べた。印象的だったのが「調べてみたら『後援会祭り』になっていたことが一番の驚きだった」との言葉だ。

「桜を見る会」は、それまでも予算や出席者の増加が報道でたびたび話題になっていた。招待された芸能人の画像がSNS上にアップされる会のありように私も違和感を抱いていたが、公的行事の「私物化」というところまで思いが至らなかった。田村氏は「マスコミ関係者でも『予算委を見て異常だったと気づかされた。感覚がまひしていた』という人もいた」と述べた。**私も、そんな記者の一人だった。**〟

「感覚がまひしていた」。政治部の小林氏は、自分もそんな記者の一人だったと語っている。だが、政治部の記者とデスクの感覚が鋭敏であれば、田村議員の質疑を伝える段階で大きく扱うことはできたはずだ。

「少人数であらゆる問題を追いかけている」という東京新聞「こちら特報部」とは異なり、毎日新聞や朝日新聞の政治部は、まさに政治の問題を日々追いかけている部署だから、問題意識を持てば深く掘り下げることはできたはずだ。しかし、問題意識の面でも、追及の面でも、しんぶん赤旗日曜版に大きく出遅れることとなり、同紙の記事にも反応しなかった。

赤旗日曜版の山本編集長は、P304でも触れたように、大手紙の政治部の記者についてこう語っていた。

●**山本**　前、田中角栄元首相の金脈問題が出たときに、この問題も結構、私たちの先輩の赤旗記者とか、あと週刊誌なんかが発掘して問題になったんですけど、そのときに、特に政治部の記者なんですけど、**大手紙の、「まあ、こんなことはもう知ってるよ」**と。

「角栄さんが、カネに汚いことは」って言ったんですけど、やっぱりそういう感覚っていうのは、まだ残ってるのかなと。

政治部の記者が、情報を取るために権力者に近づき、その中で感覚を麻痺させていく。
その危険性が、ここで語られているように思える。

大手紙が紙面では田村議員の質疑を小さな扱いでしか取り上げなかったのに比べ、**質疑の当日から大きな反応を示したのはツイッターだった。**そしてそのツイッターの動きを、毎日新聞のデジタル記事配信部門である統合デジタル取材センターがとらえ、詳しいデジタル記事をいち早く2019年11月9日の段階で配信した。そしてその記事がまたツイッターで取り上げられていく、という経過をたどった。

第3部に登場していただいた毎日新聞統合デジタル取材センターの齊藤信宏センター長（当時）は、「開かれた新聞委員会」（2019年12月14日開催）で、こう語っている。

〝問題の質疑については**ツイッターで11月8日当日の夜から騒ぎになっていました。**ネット上でこれだけ話題になっているのでデジタル毎日で取り上げた方がよいと判断し、アップされた動画を見るなどして、9日の土曜日夜に記事（「税金の私物化では」と批判あふれる「桜を見る会」 何が問題か 国会質疑で分かったこと）をアップしました。それが反響を呼んで週明け以降に問題がどんどん大きくなっていきました。**特徴的なのはツイッターから始まったこと、そして我々も背中を押されるように取材を進めていきました。**〟

　その様子は、統合デジタル取材センターの記者たちがまとめた書籍『汚れた桜』（毎日新聞出版、2020年）に詳しく記されている。

　2019年11月9日（土）の朝に統合デジタル取材センター（以下、「統デジ」と略記）の齊藤センター長がいつもの習慣でツイッターをのぞくと、タイムラインには田村議員の質疑の動画とともに怒りのツイートがあふれており、「これはすぐに反応した方がいい話だ」と直感したのだという。

　その朝のうちに統デジの部員間で齊藤センター長の問題意識が共有され、日下部聡デスクが江畑佳明記者に田村議員の質疑を振り返る記事を提案。同日の夜7時28分に江畑記者のデジタル記事「『税金の私物化では』と批判あふれる『桜を見る会』 何が問題か 国会質疑で分かったこと」が配信された。

この統デジの記事は、前述の政治部の記者による紙面記事に比べて格段に詳しく田村議員の質疑の内容を紹介している。紙面のスペースに制約されないデジタル記事ならではの強みが活かされている。

やり取りの論点が詳しく書いてあるため、実際の質疑を見ていなくても、田村議員の根拠を示しながらの指摘に安倍首相が根拠をもって反論できていないことがよくわかる内容だ。また、添えられた写真も「桜を見る会」の私物化を象徴するような印象的なものだった。

このデジタル記事が、さらにツイッターで反響を呼び、ツイッター上で「桜を見る会」への関心が急速に広がっていった。統デジの齊藤センター長は、筆者のツイートへの引用リプライの形で、2020年1月4日にこうツイートしている。

「#桜を見る会 をめぐる #ツイッター と #デジタル毎日 のコラボは、私たちメディアで仕事をする人間から見ても驚きの連続でした。新しいメディアのあり方を考えるヒントになるのでは、と感じています。」

先述した『汚れた桜』によれば、11月11日（月）の午前中の統デジの部会で、江畑佳明・大場伸也・吉井理記の3名の記者からなる**毎日新聞「桜を見る会」取材班**が発足したという。大手紙の政治部の記者たちが菅官房長官に「桜を見る会」への質疑を始めた、その段階で、統デジは既に詳しい記事を配信し終えており、追及を深めるための取材班を結成していた。

なお、『汚れた桜』によれば、11月9日夜のデジタル記事を書いた江畑記者は、「桜を見る会」そのものについても、テレビか新聞でやっていたような気がする、といった程度のおぼろげな記憶しかなかったという。その江畑記者が同日の朝に記事の執筆を任されてからどう行動したかが興味深い。

江畑記者はまず、首相官邸のホームページから2019年4月13日の「桜を見る会」の動画を確認している。上機嫌な様子で挨拶し、桜にちなんだ句を披露する安倍首相の様子を見て、江畑記者は、平安時代に「摂関政治」を展開し栄華を極めた藤原道長のこの歌を思い出したという。

「この世をば　我が世とぞ思ふ　望月の　欠けたることも　なしと思へば」

そのうえで江畑記者は、11月8日の田村智子議員の質疑を動画で確認している。田村議員の質疑の前に、まずは「桜を見る会」そのものの様子を確認していたところが記者らしい。そして田村議員の質疑を見て、「これは大変な話だ……」と一人うなったという。「桜を見る会」についておぼろげな記憶しかなかった江畑記者が実態を知って驚いたこと、それはしんぶん赤旗日曜版の山本編集長が自民党議員のもとに2019年9月末に取材に行って、「えっ、そんなことやっててんですか」と驚いたという話を思い起こさせる。江畑記者も山本編集長も、知らなかったからこそ実態を驚きを持って受け止めて、大きく取り上げるべき問題だと気づいたのだろう。

ツイッターの反響が記者を動かした、このような展開は、山本編集長も新しい動きだと対談の中で語っていた。

●山本　どちらかというとツイッターという市民の声が後押しをして、（毎日新聞の）デジタルが書いて、それで、今、表にあるように、やっぱりツイッターが話題になったということで、ワイドショーがやり、その間には野党が共同でやるという下支えがあって、その上で、やっと大手紙が動くと。**今までの報道のやり方と、かなり違う展開をして**

いった。

ではツイッター上では、どういう動きがあったのだろうか。

私は2019年11月8日の田村議員の質疑をリアルタイムでインターネット中継で見ていたわけではなく、その時間帯にツイッターも見ていなかったため、リアルタイムの動きはわからないが、当日の夕方から私のタイムラインにも続々と田村議員の質疑の様子が伝わってきた。

最初に私が質疑を捉えたのは、同日午後6時31分に、小池晃議員（日本共産党）が、田村議員の質疑をツイートする動画を引用リツイートして「まさに、ぐうの音も出ませんね。」と書いたツイートだ。

ツイッターには2分10秒までの映像を載せることができる。国会質疑をよく紹介してくれているアカウントが、田村議員の質疑の最後の場面を切り出して、その内容を紹介するツイートを午後5時31分におこなっていた。それを小池議員が引用リツイートで紹介したものだ。それより前の午後5時9分には、元朝日新聞記者の冨永格氏が質疑の内容を要約して紹介していた。

午後6時27分からは、田村議員の公式ツイッターが、国会答弁で言及した萩生田文部科学大臣のブログなどの出典にリンクを貼りながら、その日の質疑の内容を4つのツイートで紹介。みずからの質疑全体のYouTube映像へのリンクも貼っていた。

筆者は田村議員の前出のツイートを読んだあとで、イメルダ夫人の靴のコレクションに関する記事をツイートしている。安倍首相による「桜を見る会」の私物化が、フィリピンのイメルダ・マルコス元大統領夫人の振る舞いを思い起こさせたためだ。

このほかにも、筆者のツイッターのタイムラインでも、この田村議員の質疑への言及が続いた。そのようなツイッターの反応が、前述の通り、統デジの齊藤センター長の目に留まり、江畑記者による11月9日のデジタル記事の配信へとつながっていった。

しんぶん赤旗日曜版の山本編集長は2020年1月6日に、こうも語っている。

●**山本**　田村さんの質問があるときに、ツイッターで非常に話題になった。そこはある意味じゃ、**本当に国民っていうのは健全っていうか、やっぱりそれが逆に今、こうマスコミを動かしているということは、非常にこう、希望があることじゃあないかな**というふうに思ってます。

マスコミが取り上げるのを待たずに、国会審議を見ていた人たちがツイッターで発信する。あるいは国会議員がみずからツイッターで発信する。それを見て、重要な質疑がおこなわれたことを知った人たちが、みずからのコメントを加えながらツイッターでそれを拡散する。その動きがマスコミを動かした。**国民の健全な問題意識が、何が重要なニュースであるかをマスコミに示した**と言える。

私たち国会パブリックビューイングもまた、ツイッターの反応を見て、この田村智子議員の質疑を字幕つきで公開することを11月9日の朝に決めている。統デジの齊藤センター長らがデジタル記事の執筆を決めたのと同じころだ。そして、統デジの記事が出た翌日の11月10日の朝に、国会パブリックビューイングは字幕つきで田村智子議員の質疑の全体をＹｏｕＴｕｂｅ映像で紹介した。

11月9日の毎日新聞デジタルの記事は、同日朝刊の政治面の記事と比べてたっぷりと字数を費やして、田村議員の質疑を流れに沿って論点整理したものだった。

デジタルだからこそ十分な字数を使って深掘りした記事が書ける。そのようなデジタル記事の強みを活かすべく、毎日新聞が２０１７年４月に新設した部署が統合デジタル取材センターだ。この統デジの齊藤センター長に、筆者は２０１９年の夏に取材をおこなっており、本書でも第３部に収録されている。

この11月９日の統デジによる記事がネット上で広がる過程で、「桜を見る会」の問題はさらに広く認知されていくことになる。

ここで注目すべきは、このデジタル記事を受け取り拡散する過程においても、ツイッターの利用者は単なる情報の受け手ではなかったという点だ。

例えば、歌人の岸原さやさんのツイートを目にした方はおられるだろうか。江畑記者が「桜を見る会」の映像を見て藤原道長の和歌を思い起こしながら記事を書いたように、その記事を読んだ岸原さんもまた道長の和歌を思い起こし、それを本歌取りした和歌を11月10日に披露したのだ。

「この世をばわが世とぞ思ふ満開の桜の会を私物化すれば」

「我が世の春」を謳歌しているかのような安倍首相の写真の印象が、この記事を引用リツイートする際に添えられた和歌によって強化される。そうやって新たな意味づけが加えられて、さらに記事が広がる。ツイッターの反応とデジタル記事が相互に作用しながら話題を増幅させていく——その過程の一端を、ここに見ることができる。

２０１９年のこの質疑で火がついた「桜を見る会」の問題を、年が明けても国民は忘れず、メディアの追及も続き、２０２０年の予算委員会では「桜を見る会」をめぐる質疑で安倍首相が無理な弁明を重ねる姿がＮＨＫの中継で流れるに至った。そしてその様子が、さらに映像を伴って、コメントを伴って、ツイッターで拡散されていく。

ツイッター、デジタル記事、そして国会パブリックビューイング。既存のメディアが深掘りするのを待たずに、新しいメディアが、新しい切り口で、問題を深掘りしてみせる。今はその過程にある。

あとがき

本書は筆者にとって、言葉をめぐる3冊目の著作となる。

1冊目は『呪いの言葉の解きかた』（晶文社、2019年）。労働をめぐる呪いの言葉、ジェンダーをめぐる呪いの言葉、政治をめぐる呪いの言葉と、それらの呪縛から抜け出すための意識や行動を物語や事例に即して検討した本だ。

執筆のきっかけは、2018年の通常国会における「野党は反対ばかり」「野党はモリカケばかり」「野党は18連休」などの呪いの言葉の氾濫だ。国会における野党の役割を意図的に貶め、煙幕を張って国会の実情を見せまいとするこれらの「呪いの言葉」にいかに対抗していくかと考える中で、「#呪いの言葉の解きかた」というハッシュタグで、ツイッター上で切り返し方を募集した。

2冊目は『国会をみよう　国会パブリックビューイングの試み』（集英社クリエイティブ、2020年）。これも2018年の通常国会に端を発する。働き方改革関連法案の国会審議において、加藤勝信厚生労働大臣（当時）が意図的に論点をずらした「ご飯論法」の答弁を繰り返している状態に問題意識を持ってもらいたいと思い、国会審議映像を編集せずに切り出して解説つきで街頭上映する「国会パブリックビューイング」の取り組みをおこなってきた、その実践と、その意味を取り上げたものだ。NHKや民放地上波が国会の議論を断片的にしか取り上げないのなら、私たち自身がメディアとなって論点と国会審議の現状を伝えてみよう、という問題意識があった。

本書の問題意識は、これら前2冊と通底している。なぜ大事な問題が国会で審議されている最中に、報道がその論点を大きく取り上げないのか。何が問題とされているのか、論点整理をわかりやすくおこないながら報じることが、なぜできないのか、なぜ野党の質疑は「決め手を欠いた」のような表層的な言葉で貶められ、政局に絡めて報じられがちなのか。

アルバイト先で異議申し立てをおこなう学生を店長が「文句」を言う者と見るように、記者も政府与党の目線で野党を見ているのではないか。だから、政府与党は野党の追及をいかにかわすか、という目で国会を見てしまうのではないか。また、「野党は反発」のように、野党議員の批判を感情的な非難であるかのように形容して報じてしまうのではないか。

しかし記者自身がそのような目線で状況を捉えているなら、権力監視の役割を報道が果たせず、市民の問題意識を受け止めることもできず、警鐘を鳴らすこともできないのではないか。政治の現状は、記者の視点を通して、そして記者の言葉を通して、私たちに届けられる。その「フィルター」が、どのようなフィルターであるか、記者自身には自覚されているだろうか。

そういう問題意識を持ってきた中で、2020年11月8日に共同通信が「官邸、反政府運動を懸念し6人の任命拒否」という見出しの記事を配信する「事件」が起こった。この見出しがなぜ問題なのかを論じるには、単発の記事ではなく連載の形で政治と報道の関係性の問題を掘り下げて論じていく必要があると考え、ハーバー・ビジネス・オンラインの高谷洋平編集長の快諾を得て連載を始めたのが11月17日だ。その後、高谷編集長とも対話を重ね、ツイッター上でも多くの反応もいただきながら、第1部に収録した11回の短期集中連載を執筆・公表することができた。関心を持ってくださったツイッター上の方々に感謝申し上げたい。

また、本書で言及した毎日新聞統合デジタル取材センターの齊藤信宏センター長（当時）や、しんぶん赤旗日曜版の山本豊彦編集長のほか、新聞労連中央執行委員長を経て現在は朝日新聞政治部の国会担当キャップである南彰記者や、この間、取材を受ける立場で接してきた記者の方々にも、数多くの問題意識を受け止めていただいた。これら報道関係者の皆様にも感謝申し上げたい。

なお、ハーバー・ビジネス・オンラインの執筆陣による共著『日本を壊した安倍政権』（扶桑社、2020年）に収録された筆者の論考「誰のための働き方改革か―高度プロフェッショナル制度は、なぜ注目を集めずに成立したのか」も、安倍政権による巧みな世論誘導の問題と、国会審議を論点ベースで報じることの必要性に触れている。本書と併せてお読みいただければありがたい。

初出一覧

本書は、以下にあげるハーバー・ビジネス・オンラインに掲載された各稿をもとにして、それらを加筆・修正したものである。

【第1部】

- 繰り返される「オフレコ懇談会」、毀損される「知る権利」。問うべき権力者と報道機関の距離感（2020年11月17日）
- 記者と政治家の距離感はどうあるべきなのか？　特ダネと市民生活を守る報道の狭間で（2020年11月19日）
- 政府の「お決まり答弁」を生み出す、記者の質問方法の問題点。なぜ論点を明示して質問しないのか？(2020年11月21日)
- 「報じるに値するもの」を嗅ぎつける記者の嗅覚とは何なのか？　見落とされた安倍前首相の答弁(2020年11月25日)
- 「編集済み」の答弁では政府の不誠実さは伝わらない。限られた紙面で書きにくいものをどう報じるか？(2020年12月2日)
- 政権与党による「世論誘導」や「圧力」発言。報道時には実名で報じ、責任を負わせよ(2020年12月7日)
- なぜ国会報道は政局報道になってしまうのか？　求められる「論点に沿った」報道(2020年12月10日)
- 「対戦ゲーム」のように国会を報じることで見えなくされていること(2020年12月12日)
- 報道の「見出し」に潜む危険性。共同通信が使った「反政府運動」という言葉の問題点(2020年12月16日)
- 「誤解を招いた」という「反省そぶり」を看過してはいけない(2020年12月20日)
- 「政局報道」から脱し、論点を軸にした国会報道に注目を(2020年12月23日)

【第2部】

- 小川淳也議員による根本大臣不信任決議案趣旨弁明を悪意ある切り取り編集で貶めたNHK（2019年3月6日）
- 嘲笑される側に責任はあるのか――朝日新聞は筋を通した報道を(2020年7月9日)
- 誤認を誘う加藤勝信官房長官の答弁手法。その「傾向と対策」(2020年9月21日)
- 安倍前首相は国会で答弁を「訂正」するはずではなかったのか？(2020年12月28日)

【第3部】

メディア不信と新聞離れの時代に、鋭い記事目立つ毎日新聞の「挑戦」（2019年8月13日）

【第4部】

- 田村智子議員「桜」質疑はどう組み立てられたか？――しんぶん赤旗日曜版・山本豊彦編集長との対談を振り返って(第1回)(2020年1月17日)
- 「桜を見る会」の実態を知らなかったからこそ立ち上がった問題意識――しんぶん赤旗日曜版・山本豊彦編集長との対談を振り返って(第2回)(2020年1月18日)
- 「桜」質疑をいち早く受け止めたのは、ツイッターとデジタル記事だった――しんぶん赤旗日曜版・山本豊彦編集長との対談を振り返って(第3回)(2020年2月3日)

上西充子（うえにし みつこ）
法政大学キャリアデザイン学部教授。働き方改革関連法案について活発な発言を行い、「国会パブリックビューイング」代表として、国会審議を可視化する活動を行ってきた。また、『日本を壊した安倍政権』に共著として参加、『緊急出版！　枝野幸男、魂の3時間大演説 「安倍政権が不信任に足る7つの理由」』の解説、脚注を執筆している（ともに扶桑社）。共著に『大学生のためのアルバイト・就活トラブルQ&A』（旬報社）、単著に『呪いの言葉の解きかた』（晶文社）、『国会をみよう 国会パブリックビューイングの試み』（集英社クリエイティブ）。Twitter ID：@mu0283

扶桑社新書 372

政治と報道
報道不信の根源

発行日 2021年3月10日　初版第1刷発行

著　　者………上西充子
発 行 者………久保田 榮一
発 行 所………株式会社 扶桑社
〒105-8070
東京都港区芝浦1-1-1 浜松町ビルディング
電話 03-6368-8875（編集）
03-6368-8891（郵便室）
www.fusosha.co.jp

印刷・製本………株式会社 廣済堂

Printed in Japan　ISBN 978-4-594-08750-0